Lauterbach · Von Floßmeistern und Flößerbräuchen

Das Wappen der Flößer.

Helga Lauterbach

# Von Floßmeistern und Flößerbräuchen

Geschichte und religiöses Brauchtum
der Isar- und Loisachflößer

ERICH WEWEL VERLAG MÜNCHEN

Titelbild: Flößerfahne der „Ehrsamen Zunft der Flossleute" aus dem Jahr 1860 in der Wallfahrtskirche St. Maria Thalkirchen, München.
Ausschnitt: Flößerpatron St. Nikolaus
Aufnahme: Bjarne Geiges, München

Die Deutsche Bibliothek – CIP-Einheitsaufnahme

**Lauterbach, Helga:**
Von Floßmeistern und Flößerbräuchen: Geschichte und religiöses Brauchtum der Isar- und Loisachflößer / Helga Lauterbach. – 1. Aufl. – München: Wewel, 1992
  (Wewelbuch; 181)
  ISBN 3-87904-181-4
NE: GT

1. Auflage 1992

Wewelbuch 181

© 1992 by Erich Wewel Verlag, München. Alle Rechte vorbehalten.
Gesamtherstellung: Verlag und Druckerei G. J. Manz AG, Dillingen
Printed in Germany

ISBN 3-87904-181-4

# Inhalt

Vorwort . . . . . . . . . . . . . . . . . . . . . . . . . . . . . 7

## Um 1850: Die Blütezeit der Flößerei und der Anfang vom Ende . . . . . . . 9

Die grüne Lebensader . . . . . . . . . . . . . . . . . . . . . . . 9
Mit Volldampf in die Neuzeit . . . . . . . . . . . . . . . . . . . 12
Der eiserne Weg . . . . . . . . . . . . . . . . . . . . . . . . . 15
Die Bahn durchs Isartal . . . . . . . . . . . . . . . . . . . . . . 18
Die saubere Energie . . . . . . . . . . . . . . . . . . . . . . . 20
„Wenn kommt das Walchenseeprojekt . . ." . . . . . . . . . . . . . 22
Tugendwächter im Walchensee . . . . . . . . . . . . . . . . . . . 24
Zusammenschluß in der Not . . . . . . . . . . . . . . . . . . . . 25
D'Isar . . . . . . . . . . . . . . . . . . . . . . . . . . . . . 27
Flößerhaken kreuzt Bischofsstab . . . . . . . . . . . . . . . . . . 28

## Ein Zentrum der Isar-Flößerei: Mittenwald . . . . . . . . . . . . . . . 31

„Nasse Rott" in Mittenwald . . . . . . . . . . . . . . . . . . . . 31
Bittgang der Mittenwalder Flößer . . . . . . . . . . . . . . . . . . 34
St. Johannes Nepomuk vorm Haus . . . . . . . . . . . . . . . . . 36
Heiliger Korbinian auf Isar unterwegs . . . . . . . . . . . . . . . . 38

## Religiöses Brauchtum rund um die Flößerei . . . . . . . . . . . . . . . 41

St. Nikolaus – der frühe Schutzpatron der Flößer . . . . . . . . . . . 41
St. Johannes Nepomuk – der Brückenheilige . . . . . . . . . . . . . 44
Johanni-Brauch . . . . . . . . . . . . . . . . . . . . . . . . . 48
St. Maria Thalkirchen – Wallfahrtsort bei der Floßlände . . . . . . . . 50
Flößerwallfahrt . . . . . . . . . . . . . . . . . . . . . . . . . 53

## Zünftige Flößerei . . . . . . . . . . . . . . . . . . . . . . . . . 55

Zunftvorschriften . . . . . . . . . . . . . . . . . . . . . . . . 55
Die Münchner Floßmeister . . . . . . . . . . . . . . . . . . . . 60
Altes Floßmeistertum auf Isar und Loisach . . . . . . . . . . . . . . 63
„Heiliger Georg, hilf!" . . . . . . . . . . . . . . . . . . . . . . 66

## Das Floß als Handelsschiff und Transportmittel ... 71

Verführung auf dem Wasser ... 71
Für Floßknechte Holz und Kalk ... 73
Triftholz für warme Stuben ... 76
Kein Platz für berauschte Personen, Weiber oder Knaben an den Münchner Länden ... 78
Die bürgerlichen Herren Länd- und Holzmeister ... 81
Gebühren für „Neumodefuhrwerke" ... 82
Streithansl'n ... 85
Zu einem Bach herabgewürdigt ... 89
Eine Zentrallände für alle ... 93

## In Gefahr und Not ... 97

Marienklause ... 97
Der Schutzengel im Isarkanal ... 100
Das Todeshospiz an der Donau ... 103
Almosensammlung in St. Nikola ... 107
Der Leprosen-Hans ... 109
„Flößermadonna" ... 111
Wasserprozession in Plattling ... 114
Ein Vaterunser von den Holzbettlern ... 116

## Eine neue Flößer-Ära beginnt ... 119

Sonntagsvergnügen bei den Ausflugsflößen ... 119
Außerordentliche Energienot nach Kriegsende ... 122
„Renaissance" der Passagierfloßfahrt ... 125
Zur Flößermesse ins Mühltal ... 128
Wallfahrer auf dem Floß ... 131
Ausklang mit dem Jahrtag ... 134
Das Herz schlägt weiter in Lenggries ... 136
Isarflößer auf dem Rhein ... 139

Bildnachweis ... 140

Literaturverzeichnis ... 140

Danksagung ... 142

# Vorwort

Während Vorbereitungsarbeiten für eine Kirchenführung in der malerischen Wallfahrtskirche St. Maria Thalkirchen erweckte die dortige Prozessionsfahne der Ehrsamen Zunft der Floßleute mein besonderes Interesse.

An der Isar, nächst der Floßlände im südlichen München aufgewachsen, kannte ich die Flößer bisher nur als eine „b'sondere Rass'" unterm weißblauen Himmel. Neugierig geworden auf ihre Sitten und Bräuche, begann ich in den Münchner Archiven, Bibliotheken, Sammlungen, Instituten, Pfarreien und Ämtern nachzuforschen. Das Resultat befriedigte mich nicht ganz, so daß ich auf eigene Faust auf Entdeckungsreise ging, in der Hoffnung Menschen zu finden, die als Kinder noch die alten Flößerzeiten miterlebt hatten.

Kontakte mit den häufig als „Kommerz-Flößer" bezeichneten Nachkommen der alten Flößerfamilien zeigten, daß sie das Andenken der Vorfahren in Ehren halten und ihr überliefertes Brauchtum pflegen. Auf eine ganz natürliche Weise sind die tätigen und „pensionierten" Flößer stolz auf ihre „Zunftzugehörigkeit". Doch große Worte darüber zu verlieren oder aufzuschreiben, ist nicht ihre Art, weshalb so mancher ihrer Bräuche unbemerkt von der Öffentlichkeit gelebt wird.

Anläßlich der Ausstellung zur 600jährigen Wallfahrtsgeschichte St. Maria Thalkirchen im Jahr 1990 führten meine Wege erneut in den Isarwinkel, wo ich vor allem im Archiv und Heimatmuseum Wolfratshausen, in Tölz und Umgebung, in der Gemeinde Lenggries, Kloster Schäftlarn, bei den Isar-Amper-Werken, aber auch in der Drei-Flüsse-Stadt Passau nach Dokumenten über das Leben der Flößer forschte.

Dann folgte ich dem Flußlauf der Isar hinauf bis zu ihrem Ursprung bei den Quellen im Haller Anger, hoch droben im Karwendelgebirge. „Isaria" bot sich mir eingebettet in Dammbauten, gesammelt in Stauseen, als bescheidenes Rinnsal im oberen Isartal – und endlich als die lebhafte Wildromantische im Hinterautal. In den ehemaligen Flößerorten Mittenwald, Krün und Wallgau konnte ich weitere Mosaiksteinchen zum Gesamtbild der Flößereigeschichte zusammentragen.

Anschließend trieb es mich in die andere Richtung – von München isarabwärts bis zur Einmündung in die Donau. Der Fernflößerei und dem Ordinarifloß nach Wien war ich nun auf der Spur: Passau–Linz–Grein–Ybbs–Wien. Mein Respekt vor den alten Flößern wuchs mit jedem Stromkilometer. Ihre Fichtenholzflöße müssen sich auf der breiten, nicht ungefährlichen Wasserstraße wie verloren treibende „Streichholzschifferl" ausgenommen haben.

In Wien schloß sich der Kreis, und – obwohl weit entfernt – waren mir die Flößer in der ehemaligen Kaisermetropole sehr nahe. Die alte Lände, wo sie einst mit ihrer Fracht angekommen sind, konnte ich dank der Hilfe der Donaudampfschiffahrtsgesellschaft leicht finden. Wien war für viele Flößer und auch für mich Endstation der Reise, doch der Wasserweg hat so manchen Isarwinkler und Oberlandler noch weiter die Donau hinuntergeführt bis Budapest, Belgrad und tiefer in den Balkan hinein.

All den freundlichen Menschen, die mich auf der Suche nach Sitten und Bräuchen der Flößer unterstützt haben, ein herzliches Dankeschön. Manches aus ihren Erzählungen und Erinnerungen an die „b'sondere Rass'", die sogar ihre Heiligen auf dem Floß mitgeführt hat, sei im Buch festgehalten, bevor es in Vergessenheit gerät.

Helga Lauterbach

# Um 1850: Die Blütezeit der Flößerei und der Anfang vom Ende

## Die grüne Lebensader

Unser nahtlos ineinandergreifendes Verkehrsnetz zu Wasser, zu Lande, in der Luft haben das alte, aus Baumstämmen gebundene Floß als Transportmittel überflüssig erscheinen lassen. Lange schon sind sie verschwunden, die vollbeladenen Holzschiffe mit Warengütern verschiedenster Art, welche auf den Flüssen Bayerns über Jahrhunderte hinweg eine so bedeutende Rolle gespielt haben.

Nur noch Passagierfloße treiben im Sommer von Wolfratshausen nach München die Isar hinunter – ein vertrauter Anblick für die dort wohnenden Menschen, eine Belästigung für die Naturschützer des Isartals, eine seltene Attraktion für Fremde, denn wo sonst gibt es schwimmende „Baumstammschiffe" zu sehen.

Die Flößerei ist in Bayern seit dem 12. Jahrhundert nachweisbar, jener Zeit der großen Städtegründungen an der Isar – München 1158 und Landshut 1204. Damals übernahmen noch die in Flußnähe wohnenden Kleinbauern die Warenflößerei als willkommenen Nebenverdienst. Später, im 15. Jahrhundert, betrieb vor allem die „Nasse Rott" als organisierte Gemeinschaft gewerbsmäßiger Flößer die Frachtzustellung auf dem Wasser. In Zünften mit fester Ordnung schlossen sich die ehrsamen Floßleute zusammen. Für die wilden, wenig tiefen Gebirgsflüsse bot sich das auf den Wellen ohne wesentlichen Tiefgang schwimmende Holzfloß als ideales Transportmittel an. Der am häufigsten damit befahrene bayerische Fluß war die Isar. Sie galt als Hauptverkehrsader für den lebhaften Handel zwischen Süden und Norden.

Hoch oben im Karwendelgebirge beim Haller Anger (1700 m) sind ihre kühlen Quellen zu finden. Auf dem Wege talwärts gesellen sich ihr Lafatscher-, Gleiersch- und Karwendelbach dazu sowie zahlreiche wasserführende kleine Gebirgsbäche, die von den umliegenden Gebirgskaren herunterstürzen. Sie alle beschleunigen das Anschwellen der Isar zum beachtlichen Wildwasser, welches schnellfließend und grünschimmernd seinen weiteren Lauf ins Tal sucht. Bereits in Scharnitz (964 m ü. M.), vom Quellgebiet nur 20 km entfernt, hatte „Isaria, die Reißende" damals den erforderlichen Wasserpegel erreicht, um floßbar zu sein.

Auf ihren eigenwilligen Wellen trug sie Abertausende von Baumstammschiffen über eine Wasserstrecke von etwa 265 km Länge hinunter bis zur Einmündung in die Donau. Gefährliche Felswände, Riffe, Kiesbänke, Wasserfälle und Strudel kennzeichneten dabei ihr Flußbett vor allem im Oberlauf. Erst ab München war „die Wilde" gebändigt und strömte ruhiger geworden der Donau zu. Unterhalb von Plattling (320 m ü. M.), im Naturschutzgebiet „Untere Isar" bei Isarmünd, hört sie auf, ein eigener Fluß zu sein. Dort trifft sie auf die Donau, verbindet sich mit dieser und fließt ab Deggendorf weiter mit ihr fort zum Schwarzen Meer.

Die alten Floßhäfen entlang der Isar, früher Zentren geschäftigen Treibens, existieren heute nicht mehr. Nur die dortigen Ortsbezeichnungen lassen den ursprünglichen Sinn erkennen: An der Lände, Ländacker, Flößergasse, Am Floßkanal.

Als absolute Beherrscher jener Wildwasserstraßen über mehr als 700 Jahre galten die Flößer, Menschen ganz eigenen Naturells – seit Generationen am und mit dem Wasser aufgewachsen und deshalb wie niemand sonst für dieses besondere Gewerbe geeignet. Durch das weitergegebene Wissen und die Erfahrungen ihrer Vorväter waren sie Meister ihres Faches rund um „den Floß". Hier konnte ihnen niemand etwas vormachen, was das Gefühl der Zusammengehörigkeit ihres „Stammes" noch mehr ausprägte. Ihr kühner Mut, die Kraft und Zähigkeit bei der schweren Arbeit brachte ihnen Anerkennung ein. Die fesselnden Erzählungen von den langen Fahrten hinunter in die Donaumonarchie begeisterte die Zuhörer in der gebirgigen Heimat. Die Floßleute sahen viel von der Welt und hatten deshalb ihre eigene Lebensanschauung.

Als Mitte des 19. Jahrhunderts die Industrialisierung in den Städten einsetzte, schnellten die einträglichen Transportgeschäfte der Flößer auf Isar, Loisach und Donau noch einmal in die Höhe. Über 8000 Flöße jährlich kamen damals durchschnittlich in München an, im Rekordjahr 1864 landeten sogar 11 145 Flöße in der königlichen Haupt- und Residenzstadt.

Doch gegen Ende des 19. Jahrhunderts kam die Wende. Die neu entwickelten Verkehrsmittel wie Dampfschiff und Eisenbahn traten ihren Siegeszug an. Für die Flößer aber war der Augenblick nahe, Abschied zu nehmen von ihrer Arbeit. Der aussichtslose Konkurrenzkampf gegen die ständig fortschreitende Technik, welcher die Zukunft gehörte, brachte letztendlich fast alle aus dem Floßgewerbe dazu, ihre geliebten Ruderstangen für immer aus der Hand zu legen. Vom technischen Zeitalter wurden die Flößer und ihr altes Handwerk in die Knie gezwungen. Sie mußten sich zunächst nach einer neuen Existenz umschauen.

Am Wasser hab i G'schäftn g'macht
Als Flößla bis auf Wean (= Wien),
Und hab' a grobi Jopp'n trag'n,
A'n spitz'n Huat a'n grean!

Zischtn-Hansgirgl (Lokaldichter)
Flößer u. Kalkofenbesitzer in Tölz (1823–1886)

# Mit Volldampf in die Neuzeit

Als sich James Watt im Jahre 1769 in England die erste verwendbare Dampfmaschine patentieren ließ, dachte wohl noch niemand daran, daß sie eines Tages auch für das Flößereigewerbe Bedeutung haben könne. Doch die wichtigste Erfindung des 18. Jahrhunderts eignete sich für viele Bereiche. Maschinen, welche bisher mit Wasser- oder Muskelkraft betrieben wurden, gerieten nun durch Dampfkraft in Schwung. Boote und Schiffe, bisher durch tüchtiges Rudern vorwärtsbewegt, erreichten, durch Dampfkraft beschleunigt, weitaus höhere Fahrtgeschwindigkeiten.

Schon die nächste Flößergeneration konnte den verkehrsmäßigen Einsatz von Dampfschiffen miterleben. Auf der österreichischen Donau bewältigte im Jahre 1818 „Carolina", das erste mit 350 Zentnern beladene Dampfboot, eine größere Strecke von Wien ab stromaufwärts. Dabei wurde die Höchstgeschwindigkeit von 2,5 m/s erreicht! Im Jahre 1823 folgte das Gesellschaftsschiff „Franz I.", welches von Wien nach Pest dampfte. Ein Jahr später nahm das Paketdampfboot „Erzherzog Anton" seinen Dienst auf. Die Betriebsstrecke der österreichischen Donaudampfschiffahrtsgesellschaft wurde Zug um Zug auch stromaufwärts ausgebaut bis Passau.

Auf der bayerischen Donau hielt die Dampfschiffahrt im Jahre 1837 mit „König Ludwig" Einzug. Die Fahrt ging von Regensburg nach Donauwörth. Obwohl in den Augen des Volkes die Dampfmaschinen „Teifelwerk" waren und eine Dampfschiffahrt wegen Kesselexplosion oder Zusammenstoß durch schnelles Fahren als lebensgefährlich galt, wurden im Jahre 1842 weitere Dampfboote eingesetzt: „Therese", „Max" und die „Stadt Regensburg". Zur Gründung der Königlich-Bayerischen Donau-Dampfschiffahrt kam es im Jahre 1846.

Auch die Isar kam mit der neuen Schiffahrtstechnik in Berührung. Das große Spektakel einer Probe-Dampfschiffahrt fand am 1. Mai 1850 statt. Damals berichtete die Beilage der Neuen Münchener Zeitung: „In Folge einer allgemein verbreiteten Nachricht von der Probefahrt eines, in der rühmlich bekannten v. Maffei'schen Maschinenfabrik Hirschau erbauten Dampfschiffes, welches, ehe dasielbe an seine Bestimmung (es soll unseres Wissens zwischen Donauwörth und Regensburg Dienst thun) auf der Donau abgeht, heute stattfinden sollte, hatte sich von schönem Wetter begünstigt, eine unabsehbare Menge Menschen aus unserer Stadt den Isarstrom entlang, versammelt, dessen beide Ufer weithin bis an die äußersten, fast kaum zugänglichen Punkte, dicht mit Schaulustigen aller Stände gefüllt waren. Jene Nachricht aber, von einigen hiesigen Tagblättern veröffentlicht, war nur insoweit richtig, als man allerdings einen Versuch mit dem Schiffe anstellen wollte, wie es bei jeder andern Maschine, wenn es nur immer möglich ist, auch geschieht, ehe sie die Werkstätte verläßt, um dieselbe vorläufig reguliren zu können. Die Isar aber schon ihrer Natur nach für die Schiffahrt höchst ungünstig, bot bei vermindertem Wasserstande ein so schmales scharfwinkeliges Fahrwasser, daß eine Kraftentwicklung der vortrefflich arbeitenden Maschine nicht zulässig war, und das lange, schlank gebaute Schiff diesen Krümmungen nicht folgen konnte, so daß es nur eine ganz kurze Strecke mit der größten Vorsicht geleitet, zurückzulegen vermochte, und die große Mehrzahl der erwartungsvollen Zuschauer, zumal auch ein gewaltiges Gewitter drohte, unbefriedigt nach der Stadt zurückkehren mußte."

Das von schweren Hagelschauern begleitete Unwetter führte zum vorzeitigen Abbruch der Probefahrt. Das eigentliche Ziel, die Ländspitze (Praterinsel), auf welcher eine große Pyramide mit maschinentechnischen Emblemen von den Fabrikarbeitern aufgestellt war, konnte nicht mehr erreicht werden.

Doch am darauffolgenden Sonntag bestand der 40 m lange und 3,5 m breite Raddampfer „Donauwörth" ohne Probleme die Testfahrt – heraus vom Werkskanal Hirschau (Englischer Garten), dann hinein in die freie Isar, dort flußaufwärts bis zur Praterinsel. Seine 43 Pferdestärken, welche von einer Maschine mit niederer Dampfspannung erbracht wurden, überzeugten die mitfahrenden geladenen Gäste.

Nun war es auch auf der Isar soweit: die Neuzeit hatte mit der Dampfmaschine Einzug gehalten und begann das alte Holzfloß sichtbar in Frage zu stellen. Während auf der Donau die Flotte der Dampfschiffe weiterhin zunahm, wurden Pläne dieser Art für die Isar nie verwirklicht. Statt dessen trieben weiterhin die alten Floße isarabwärts, unverändert in ihrer Beschaffenheit und ohne die „neumodische Dampfkraft", die für ihre langen Floßstämme nicht in Frage kam.

Doch die Flößer spürten die Konkurrenz der neuen Schiffe, welche schneller und pünktlicher als sie die Bestimmungshäfen an der Donau erreichen konnten. Keine Frage – der Fortschritt war gewaltig: durch den Dampfantrieb erreichte die Schiffahrt erstmals Unabhängigkeit von Witterung und Wasserstand. Um so mehr mußten sich die Flößer ins Zeug legen, wenn sie nicht abgehängt werden wollten. Ihr Tempo aber bestimmte die Fließgeschwindigkeit des Wassers; ihre Antriebskraft blieben die eigenen durch die Arbeit am Floß gestählten Muskeln, und wenn sie Glück hatten, beschleunigte ein Rückwind ihre Fahrt. Wann das Ziel genau erreicht werden würde, war nicht präzise vorherzusagen, weil niemand die wechselnden Launen der Natur kannte.

Die veränderte Situation auf den Wasserstraßen bekamen als erste ihrer Zunft ausgerechnet die Münchner Floßmeister drastisch zu spüren. Durch altes Recht waren sie allein ermächtigt, Kaufmannsgüter von der Münchner Lände isarabwärts zu führen.

Den oberländischen Floßmeistern aus Mittenwald und Tölz war dies verboten. Ausnahmen konnten nur auf Verlangen des versendenden Kaufmanns bewilligt werden. Erst ein Erlaß aus dem Jahre 1806 lockerte die Rechtsvorschrift und gestattete den Oberländern, die am Abfahrtsort geladenen Güter an München vorbeizuführen, ohne jedoch andere Waren in der Residenzstadt aufzunehmen.

Das Hauptgeschäft der Münchner Isarflößer lag also im Handel mit den tiefer gelegenen Isar- und Donaustädten. Mannigfaltig und begehrt war die Fracht, welche sie auf ihren Holzschiffen hinunterbrachten: Felle, Kleidungsstücke, Filzhüte, Kürschnerware, Seidenzeug, Bier, Obst, Gewürze, Weinbeeren, Pomeranzen, Hirschhorn, Pulver, Kupfer, Galmei (Zinkspat), Glas, Pfeifen zum Musizieren, Schreiner- und Kistlerarbeiten etc.

Doch seit die Dampfschiffe auf der Donau bis in den Balkan unterwegs waren, zeigten die Kunden auch Interesse an den Spezereien dieser Länder. Die Münchner Ware verkaufte sich nicht mehr so leicht. Schließlich hatte sich die Auftragslage so verschlechtert, daß im Jahre 1850 fünf der Münchner Floßmeister ihr Unternehmen aufgaben. Ein Jahr danach ersuchten die anderen fünf um Steuernachlaß beim Handelsministerium.

Abfahrt des Donaudampfschiffes „Franz I." zu seiner ersten Fahrt nach Budapest

# Der eiserne Weg

Nicht nur dampfbetriebene Schiffe, sondern auch die zu Lande fahrende Dampfeisenbahn zog nachhaltige Kreise bis hin zur Flößerei. Die große Eisenbahnzeit begann im Jahre 1825, als der erste öffentliche Personendampfzug in England von der Kohlenstadt Darlington zur Hafenstadt Stockton fuhr. George Stephenson hatte die Lokomotive konstruiert.

Schon zehn Jahre später wurde 1835 die erste deutsche Dampfstrecke von Nürnberg nach Fürth eröffnet. Die Lokomotive stammte aus Stephensons Fabrik in England, und auch Lokführer Wilson war Engländer. Für die Überwindung der 6,13 km langen Strecke benötigte das Dampfroß die sensationelle Zeit von nur fünfzehn Minuten! Zum Vergleich: Ein Floßschiff auf der Isar, wegen des starken Gefälles schneller als auf anderen Flüssen, benötigte bei normalem Pegelstand für eine Flußstrecke von 8–10 km eine ganze Stunde!

Die anfängliche Furcht der Menschen vor dem stählernen, feuerspeienden und rauchenden Lindwurm galt der etwaigen Entgleisung auf dem glatten Schienenstrang. Auch schlimmste Gesundheitsstörungen, bedingt durch den heftigen Rauch und der Zugluft, prophezeiten medizinische Gutachten. Doch das Vertrauen in die Technik und die rasante Geschwindigkeit wuchsen rasch bei der Bevölkerung; ebenso das Schienennetz, welches im Jahre 1850 bereits auf 6000 km in Deutschland ausgebaut war. Die Städte rückten dadurch immer näher zusammen, und das „Reisefieber" brach aus.

Im Jahre 1860 wurde die bayerische Ostbahn eröffnet, grenzüberschreitend mit Anschluß an die österreichische Kaiserin-Elisabeth-Westbahn: München–Salzburg–Wien. Eine interessante Strecke für die Flößer, welche beruflich noch bis in die Donaumonarchie unterwegs waren. Auf dem „Eisernen Weg" konnten sie mit dem Dampfroß wesentlich schneller in ihre Heimat zurückkehren, nachdem das Floß verkauft und die Geschäfte erledigt waren. Früher vollzog sich der Rückmarsch meist auf Schusters Rappen.

Die Eisenbahngesellschaft kam den Flößern mit Fahrpreisermäßigungen entgegen, wenn sie eine Legitimationskarte ihres Heimatortes vorlegen konnten. Ermäßigung gab es auch für den Transport von Seilen und Floßausrüstung, die nicht ins Abteil mitgenommen werden durften. Im Jahre 1874 erreichte die Eisenbahn den oberbayerischen Hauptflößerort Tölz, und 1898 waren auch die Loisachflößer mit dem Ort Kochel an das Schienennetz angeschlossen.

In den Wirtshäusern entlang des „Flößersteigs" wurde es dadurch merklich stiller. Die beste Kundschaft, die sonst in den Gaststuben vom langen Fußmarsch zurück in die Heimat ein wenig ausgeruht hatte und so richtig durstig war, blieb nun aus. Die Flößer kauften sich jetzt lieber eine Eisenbahnfahrkarte zurück nach Hause.

Während das Reisen mit der Eisenbahn immer mehr Anklang fand, zeichnete sich bei den fahrplanmäßigen Passagierfloßfahrten auf der Isar eine rückläufige Entwicklung ab. Seit dem Jahre 1623 schon steuerten Münchener Floßmeister einmal wöchentlich das sogenannte „Ordinarifloß" nach Wien. Das auf staatliche Anordnung eingesetzte Reisefloß für jedermann war beliebt, vor allem wegen der billigen Beförderungspreise. Nur 3 Gulden oder „Florentiner" kostete die Fahrt nach Wien, 24 Kreuzer nach Landshut, 12 Kreuzer nach Freising, Kinder waren frei. Arme Leute durften gelegentlich umsonst mitreisen, sie konnten sich dafür auf der langen Fahrt mit Hilfsdiensten bei den Flößern nützlich machen.

Doch seit es die schnelle und angenehme Eisenbahnverbindung nach Wien gab, scheuten die Reisenden die Strapazen einer langen Floßfahrt zunehmend. Immerhin benötigte das Ordinarifloß 6–9 Tage bis zur Kaisermetropole. Bei schönem Wetter gewiß eine angenehme und unterhaltsame Fahrt, schon allein wegen der bunt zusammengewürfelten Gesellschaft, die hier gemeinsam unterwegs war. Doch bei Wind, Kälte und Regen konnte es ungemütlich werden auf dem immer feuchten Floß. Zum Schutz vor Nässe, zum Aufwärmen und Trocknen stand für die Reisenden nur eine beheizbare Bretterhütte nebst kleiner Küche gegen Aufpreis zur Verfügung.

Damit sich, speziell an solchen Tagen, keine schlechte Laune unter den Fahrgästen verbreitete, sorgten die Flößer dafür, daß es zur rechten Zeit etwas zu lachen gab. Augenzwinkernd ängstigten sie die jungen Mädchen vor dem Passieren gefährlicher Stellen mit ihren Sprüchen: daß nur reine Jungfrauen solche Strudelfahrten überleben würden, jetzt aber noch die Möglichkeit bestünde, vorher auszusteigen. Ehrensache für jedes Mädchen, auf dem Floß zu bleiben. Die Unschuldsbeteuerungen waren groß und auch das Trinkgeld für die Flößer.

Natürlich erzählten sie auf der langen Reise auch Geschichten vom Donau-Weibchen, das ähnlich wie die Loreley am Rhein Schiffe und Flöße in ihre tiefen Fluten zieht. Besonders an gefährlichen Wasserstellen durfte der Zorn des Donau-Weibchens nicht herausgefordert werden, da sonst alle verloren wären.

Der lustige Höhepunkt einer jeden Wienfahrt aber war doch die „Taufe" eines Neulings, der zum erstenmal auf dieser Strecke mitreiste. Unterhalb des Strudels von Grein, sobald also die große Gefahr vorüber war, begann die fröhliche Zeremonie und steigerte sich fort, bis ein Flößer dem Täufling mit allerlei Sprüchen einen vollgefüllten Wassertopf über den Kopf schüttete.

13 Jahre lang konnten sich die Ordinari-Fahrten München–Wien noch neben der Eisenbahn über Wasser halten, bis sie 1873 wegen zu geringer Auslastung und Unrentabilität von den Münchner Floßmeistern eingestellt wurden.

**Fahr-Ordnung der K. pr. Ludwigs-Eisenbahn-Gesellschaft**

*1845*

| Von Nürnberg nach Fürth | Von Fürth nach Nürnberg |
|---|---|
| Vormittags 8 Uhr mit Pferdekraft | Vormittags 7½ Uhr mit Pferdekraft |
| , 9 , , , | , 8½ , , , |
| , 10 , , , | , 9½ , , , |
| , 11 , , , | , 10½ , , , |
| , 12 , , , | , 11½ , , , |
| Nachmittags 1 , , Dampfkraft | , 12½ , , , |
| , 2 , , , | Nachmittags 1½ , , Dampfkraft |
| , 3 , , , | , 2½ , , , |
| , 4 , , , | , 3½ , , , |
| , 5 , , , | , 4½ , , , |
| , 6 , , , | , 5½ , , , |
| , 7 , , , | , 6½ , , , |

# Die Bahn durchs Isartal

Mit besseren Trümpfen in der Hand steuerten die oberländischen Floßleute aus Tölz, Lenggries, Wallgau, Krün und Mittenwald sowie die Loisacher weiterhin ihre Frachtschiffe auf hohen Erfolgswellen flußabwärts. Daß sie noch so gut im Geschäft lagen, war dem Wald- und Steinreichtum der Heimat zu verdanken, aus welcher die Städte im Aufschwung der Industrialisierung große Mengen Bau- und Brennmaterial bestellten. Im Jahre 1865 kamen rund 10 000 Floße nach München, wovon etwa ein Drittel weiter ins Unterland fuhr. Angesichts dieser gewinnträchtigen Zahlen ist nur zu verständlich, daß die Münchner Floßmeister mitverdienen wollten, nachdem ihre Donaugeschäfte ständig abnahmen. Vergeblich versuchten sie, den früheren Rechtszustand wieder herbeizuführen, welcher nur der Münchner Flößerzunft den Weitertransport von Gütern isarabwärts eingeräumt hatte.

Doch schließlich mußten sich auch die Oberländer Flößer im Jahre 1890 erstmals ernsthafte Sorgen um ihre Existenz machen. Prinzregent Luitpold erteilte damals die allerhöchste Konzession für den Bau und Betrieb einer Isartalbahn. Die Schienenstrecke wurde entlang der Isar-Flußstrecke verlegt, von Thalkirchen bis Wolfratshausen. Dampfroß und Floß dicht nebeneinander – war das nicht der Untergang der Flößerei?

Schon am 27. Juli 1891 konnte die Isartalbahn die Strecke Thalkirchen–Wolfratshausen feierlich eröffnen. Zahlreiche Fahrgäste fanden sich am Thalkirchner Bahnhof ein, der mit bayerischen und deutschen Fahnen geschmückt war. Auch einige Häuser am Ort und sämtliche Bahngebäude waren aus diesem Anlaß beflaggt. Auf allen Stationen waren freudig gestimmte Einwohner erschienen. Mit Böllersalven und lebhaften Hochrufen wurde der durchfahrende Zug begrüßt.

Nach Eröffnung der neuen Strecke zeigte sich jedoch bald, daß der Wasserweg für den Güterverkehr, vor allem für den Holztransport, noch immer der einfachste und billigste war. Er war der Kostenfaktor, der dem ansässigen Floßgewerbe auch weiterhin seine Berechtigung verschaffte. Als im Jahre 1909 die Isartalbahn (Lokalbahn AG) auch noch eine Gleisabzweigung zur Zentrallände in Thalkirchen verlegen ließ, entstand ein Umschlagplatz für Holz vom Wasser auf die Schiene.

Die Weiche zur Floßlände befand sich beim Isartalbahnhof Maria Einsiedel und wurde mit Hand vom Schrankenwärterposten bedient. Mit Höchstgeschwindigkeit von 15 km/h dampften und rollten die Güterzüge dort links hinüber. Die Schienen führten so dicht an einem Wohnhaus vorbei, „daß der Heizer bei geöffnetem Fenster in die

Suppenschüssel schauen konnte". Aus Sicherheitsgründen saß im vordersten Wagen noch ein Mann mit Handglocke, der Signal zu geben hatte.

Das Gleis endete an der sogenannten „Kohlländ". Dort wartete schon ein Ländarbeiter, der das im Wasser schwimmende Holz mit Hilfe des Grieshakens zum „Ganter" heranzog und durch welchen, wie beim Förderband, die Stämme nach oben direkt auf den Güterwaggon gezogen wurden. Gegenüber der „Kohlländ", am unteren Teil der Floßlände, verrichteten noch natürliche Pferdestärken diese schweren Zieharbeiten. War ein Wagenanhänger mit Stämmen vollgeladen, wurden die Rösser angespannt und hatten den mühsamen Weitertransport auf der Straße vor sich.

Das Holz auf den Güterwaggons dagegen trat seine Reise auf dem inzwischen weitverzweigten Schienennetz der Reichsbahn an: nach Süd- und Nordbayern, Württemberg, Baden, an den Rhein, Hamburg oder Sachsen. Der Umschlag von der Isar zur Bahn betrug im Jahre 1909 schon 5 032,5 t Holz und war im Jahre 1914 auf 17 859 t Holz angestiegen.

Isartalbahnhof Thalkirchen

# Die saubere Energie

Enorme Mengen an Rohstoffen verschlang der täglich wachsende Energiebedarf der Industriebetriebe in den Städten. Weitsichtige Unternehmer suchten deshalb nach anderen Formen der Energiegewinnung. Doch welche boten sich an?
In Amerika leuchteten bereits seit 1879 elektrische Glühbirnen des Erfinders Thomas Alva Edison, und 1892 ging sein erstes elektrisches Kraftwerk in New York in Betrieb. Elektrische Energie – die neue Kraftquelle auf dem Gebiet der Technik – schien die Lösung zu sein.
Pionierarbeit im Isartal bei der Gewinnung von Elektrizität leisteten die tatkräftigen Gründer der Isarwerke GmbH Wilhelm v. Finck, Jacob Heilmann, Dr. Johannes Kaempf. Bereits im Jahre 1889 beantragten sie die Genehmigung für den Bau einer Wasserkraftanlage zur Stromerzeugung im Isarlauf bei Höllriegelskreuth (unweit der Burg Grünwald). Der damals vorhandene natürliche Wasserreichtum des Alpenflusses reichte aus, um nicht nur Mühlen, sondern auch Turbinen anzutreiben. Die erzeugte Elektrizität war zur Weiterleitung und Übertragung in die 12 km entfernte königliche Hauptstadt München vorgesehen.
Schon im Jahre 1894 begann das „Drehstrom-Kraftwerk" im Isartal zu arbeiten. Es galt mit einer Maschinenleistung von 2× 500 PS Drehstrom als größtes von Deutschland. Im gleichen Jahr noch konnte Thalkirchen, südlich vor München, wo sich auch der Sitz der Isarwerke GmbH befand, mit Strom versorgt werden. 23 Bogenlampen, 1132 Glühbirnen, 3 Motoren mit zusammen 14,5 PS und ein Wärmegerät wurden „elektrifiziert".
Um jahreszeitliche Schwankungen des Isarwassers besser ausgleichen zu können, statteten die Isarwerke im Jahre 1900 das Drehstrom-Kraftwerk noch mit einer Wärmekraftanlage aus, in welcher zwei Dampfmaschinen bei Bedarf zusätzlich die Turbinen antrieben. Die steigende Nachfrage nach der „sauberen Energie" und die ständige Erweiterung des Stromnetzes erforderten weitere Wasserkraftwerke an der Isar. Es folgten Pullach (erbaut 1900–1904) und Mühltal (erbaut 1922–1924).
Bei den Flößern allerdings löste dieser Umstand nur wenig Begeisterung aus. Die Errichtung von Wehranlagen, Kraftwerkskanälen und die damit verbundene Veränderung des natürlichen Isarlaufs mißfiel ihnen. Auch erneute Sorgen um ihren Berufsstand machten sich breit, da die Isar aufgrund der Ableitungen in die Werkskanäle nun auf längeren Strecken zu wenig Wasser für die Floßfahrt mit sich führte.

Obwohl im Konzessionsvertrag der Isarwerke ein Floßfahrrecht auf den Werkskanälen festgelegt wurde, steuerten die Flößer nur widerwillig ihre Holzschiffe durch die trägen künstlichen Wasserstraßen. Während die Fließgeschwindigkeit auf der offenen, freien Isar immerhin 8–10 km/h betrug, trieben ihre Flöße in den Werkskanälen nur mit müden 6 km/h dahin. Vor jedem Stauwehr verringerte sich das Tempo erneut, was die Flöße fast zum Stehen brachte. Am Ickinger Wehr mußten die Flößer sogar am Kanalufer aussteigen, um ihr Baumfahrzeug an den mitgeführten Drahtseilen über eine Distanz von etwa 300 m weiterzuziehen. Daß sie darüber maulten, ist leicht zu verstehen.

Der tägliche Transportweg auf dem Wasser bis nach München dauerte durch die modernen Wasserbauten nun erheblich länger. Auch der Arbeitstag der Flößer zog sich damit in die Länge, was den Nachteil hatte, daß sie oftmals den abendlichen Rückfahrtszug nicht mehr erreichen konnten. Sie forderten deshalb von den Isarwerken als Entschädigung ein Verzögerungsgeld, das „Ziachgeld", wie sie es selbst nannten.

Zu Meinungsverschiedenheiten kam es auch wegen der an den Schleusen der Wehranlagen errichteten, schräg abfallenden schmalen Floßgassen. Sie dienten zur Überwindung des Gefälles als Passage vom Ober- zum Unterwasser. Mit einer Breite von nur 7 m entsprachen sie nicht den Vorstellungen der Floßmeister, welche sich 8 m zum Durchrutschen wünschten. Da jedoch nach den geltenden Vorschriften die Isarflöße nicht breiter als 6,40 m sein durften, lag für die Isarwerke kein Grund zur baulichen Veränderung vor. Der Führungsspielraum von 60 cm mußte einem geübten Fergen zur Durchfahrt genügen.

Geschlagen geben wollten sich die Flößer dennoch nicht, und so häuften sich die Reibereien mit den Isarwerken. Versehentliches Rammen von Schwimmbaggern im Werkskanal trug zur Entspannung des Verhältnisses nicht gerade bei. Der strittigste Punkt aber war der hartnäckig geforderte Anspruch der Flößer auf Ausgleichszahlung wegen erhöhter Muskelanstrengung, die sie durch zusätzliches häufigeres Rudern in den langsam fließenden Werkskanälen aufbringen mußten. Die Isarwerke lehnten ein solches Ansinnen stets ab. Erst im Jahre 1933 fanden die Floßmeister in der damaligen Gauleitung Fürsprecher für ihre „Muskel-Theorie". Die Isarwerke wurden zur Zahlung einer alljährlichen Pauschalsumme an die Flößer verpflichtet, zum einen wegen Zeitverzögerung und zum anderen wegen der schweißtreibenden Mehrarbeit am Ruder.

# „Wenn kommt das Walchensee-Projekt . . ."

Die Bestrebungen der Neuzeit, Wasserkraft zur Gewinnung von elektrischer Energie auszunutzen, ließen schließlich das gewaltige Walchensee-Kraftwerk in den Jahren 1918–1924 entstehen. Hunderte von Arbeitern waren beschäftigt und bei den Bewohnern in der Gegend zwangseinquartiert. Mit dem Kraftwerksbau entstanden die Grundlagen einer weitläufigen Versorgung des Landes Bayern mit elektrischer Energie, ergänzt durch die Hochspannungsnetze der Bayernwerke. Die Leitung dieses Jahrhundert-Projekts lag bei Elektroingenieur Oskar von Miller, der damit international in die Geschichte der Technik einging. Heute noch gilt das Walchensee-Kraftwerk als technische Großtat ohne jedes Vorbild.

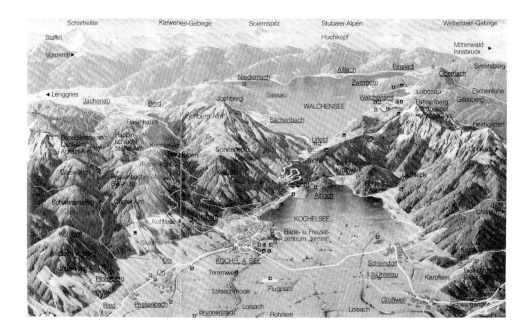

Allerdings wurde zur Durchführung des Projektes das Wasser der Isar benötigt, weil das natürliche Einzugsgebiet des Walchensees für ein wirtschaftlich arbeitendes Wasserkraftwerk nicht ausreichte, auch wenn der Abfluß vom See durch die Jachenau mittels Schleuse gesperrt wurde. Es galt einen leistungsstarken Zufluß zum Walchensee zu finden, wofür nur die Isar mit ihrem Wasserreichtum in Frage kam.

In Krün entstand deshalb ein Stausee für das aus dem Karwendel herabkommende Isarwasser, welches von dort aus durch den errichteten Überleitungskanal zum Walchensee umgeleitet wird. 10 m unter dem Wasserspiegel des Sees wurde ein 5 m breiter Stollen durch den Bergfels getrieben, durch den das Wasser weiter bis zum „Wasserschloß", einem gewaltigen Wasserbecken von 10 000 m$^3$, fließt. Von hier aus schießt es brausend durch die sechs stählernen Rohre, deren Durchmesser so groß ist, daß bequem ein Mensch darinnen aufrecht stehen könnte, aus einer Höhe von 802 m zum 200 m tiefer errichteten Kraftwerk am Kochelsee hinunter und beginnt mit gewaltiger Kraft die Turbinen anzutreiben. Je größer die Fallhöhe, um so höher die Stromproduktion. Das Walchenseekraftwerk bringt es auf die beachtliche Leistung von 124 500 kW. Der Mittelwert des gewonnenen Stroms liegt gegenwärtig bei 320 Millionen kWh jährlich.

Anschließend durchfließt die Isar den Kochelsee und wird mit der Loisach bei Wolfratshausen wieder ins ursprüngliche Flußbett zurückgebracht. Doch dort, wo sie es verlassen mußte, im Oberen Isartal, fehlte das lebensspendende Naß. Nur mehr ein kümmerliches Rinnsal verblieb, das bei ausbleibendem Regen ganz vertrocknete und den Flußlauf veröden ließ.

Den Flößern dieser Region wurde mit der Isarumleitung zum Walchensee-Kraftwerk buchstäblich das Wasser für die Floßarbeit entzogen. Im Jahre 1922 wurde das letzte Floß gewässert. Wegen des Verlustes ihrer Existenzgrundlage erhielten sie zwar eine finanzielle Entschädigung, doch das schmerzliche Entwurzeltsein eines ganzen „Flößerstammes" konnte mit Geld kaum aufgewogen werden.

> „Schön ist die grüne Isar,
> schön ist die Flößerei;
> Wenn kommt das Walchensee-Projekt,
> dann ist's mit unser'm G'werb vorbei!"

lautete ein Spruch, der auf einem durch Tölz isarabwärts fahrenden Floß angebracht war.

# Tugendwächter im Walchensee

Viele geheimnisvolle Geschichten ranken sich um den blaugrün schimmernden Walchensee oder Wallersee, wie er früher genannt wurde. Seine Wasser von unergründlicher Tiefe wirken, von Bergen eingeschlossen, bisweilen schwarz. Lange Zeit konnte man nicht ergründen, wie tief er wirklich war, denn auf seinem Grund lebte angeblich ein Fisch von unvorstellbarer Größe. Der mächtige Waller – so hieß es – konnte nur eingerollt dort drunten hausen und mußte seinen Schwanz im Maul halten. Mit Augen so groß und schrecklich wie Feuerräder wacht er seit mehr als 1000 Jahren über den See und das Bayernland.
Wenn aber einmal Habgier, Unfrieden und Zwietracht unter den Menschen überhandnehmen sollten, würde er seinen Schwanz aus dem Mund schnellen lassen und damit den Felsenriegel des Kesselberges durchschlagen. Eine große Flutwelle würde sich dann über das Land ergießen und gen München ausbreiten.
Die bayerischen Kurfürsten ließen deshalb jedes Jahr von einem Kahn aus einen geweihten goldenen Ring im Walchensee versenken, um den Tugendwächter in der Tiefe gnädig zu stimmen.
Zur Abwendung dieses entsetzlichen Unglücks wurde in München in der ehemaligen Gruftkirche täglich eigens eine heilige Messe gelesen und der goldene Ring geweiht, der einmal jährlich zur Sühne in den Walchensee geworfen wurde.
Lange Zeit wurde angenommen, daß der tiefe See mit dem Weltmeer in Verbindung stünde, da er im Jahre 1755 heftig tobte und brauste, als Lissabon durch ein großes Erdbeben zerstört wurde. Und auch zu anderen Zeiten stürmte und schäumte er so hoch auf, als ob er sein Felsenbett in seiner Wut zersprengen möchte.

# Zusammenschluß in der Not

Die Flößerei auf der Isar konnte nach dem Bau des Walchensee-Kraftwerks nur mehr ab Vorderriß (809 m ü. M.) betrieben werden. Dort stieß der breite, wilde Rißbach aus dem Karwendelgebirge dem ausgetrockneten Bett der Isar zu und füllte es so reichlich mit Wasser an, daß wieder ein regelmäßiger Flußlauf die Flöße gen München tragen konnte.

Früher, als die „Oberlandla Flößa" von Mittenwald noch auf der Isar bis Vorderriß herunterfahren konnten, mußten sie an der Riß höllisch aufpassen, denn „da hat's manch'n Floß verriss'n!" sagten sie gerne scherzhaft.

Die Gefahrenstrecke zog sich weiter bis hinunter nach Lenggries (700 m ü. M.): steile Felswände am Isarufer, die Hennenköpfle, die Lang Wand, die Faller Klamm. An der Isarböschung bei Vorderriß erzählt heute noch ein Marterl vom nassen Tod zweier Flößer, die sich mit waghalsigem Sprung vom auseinanderbrechenden Floß ans Ufer retten wollten:

Zum Gedenken

Nicht weit von hier starben am 1. 6. 1926
als Opfer ihrer Berufstreue im Tode vereint
in der Blüte ihrer Jugend 22 und 24 Jahre

die beiden Flößer

Kaspar Oettl
Josef Bichlmair

Vergeßt uns wenigstens Ihr nicht
unsere Freunde, denn in der Mitte unserer Tage
mußten wir eingehen ins Totenreich.

Die Flößer waren sich der drohenden Gefahr bei der Arbeit wohl bewußt, trotzdem liebten sie ihren Beruf. Von klein auf mit dem Wasser verbunden, hatten sie das nötige Zutrauen und die Kraft, mit schwierigen Situationen fertig zu werden. Auch Unglücksfälle konnten sie nicht abhalten, immer wieder ein Floß den Fluß hinunterzuführen. Mit Leib und Seele waren sie dem anstrengenden Flößerleben verschrieben. Ihr Gewerbe konnten sie jetzt nur mehr ab Vorderriß betreiben, dennoch hofften sie auf einen Platz im modernen Wirtschaftsgefüge, erwarteten sie weiterhin eine gute Auftragslage für den Floßtransport. Doch seitens der Behörden tauchten plötzlich vorher nie gekannte Schwierigkeiten auf, „daß es jedem einzelnen Flößer nicht mehr möglich war, dieselben alleine zu meistern". Der Wunsch, sich in einem Verband zu organisieren, wurde deshalb immer stärker, „um leichter die Hemmungen, Schikanen und was alles der Flösserei zuwider läuft gemeinsam mit den massgebenden Behörden zu schlichten und zu regeln".

Am 18. September 1929 gründeten 50 Flößer in Anwesenheit eines Landtagsabgeordneten beim Altwirt in Lenggries den „Flößerei-Interessenten-Verband Isar-Loisachtal". Voller Zuversicht schritten sie nun, moralisch und juristisch gestützt, gleich zur Sache, wann immer es galt, ihr Gewerbe zu vertreten. Vor allem lag ihnen an einer neuen Floßordnung, da seit Erbauung des Walchensee-Kraftwerks die alte nicht mehr durchführbar war.

Nach einjähriger Verbandstätigkeit waren die vereinigten Floßleute sehr zufrieden mit dem bisher Erreichten, und die alte Kampfeslust blitzte wieder auf, wenn es um die Vertretung ihres vermeintlichen Rechts ging. „Auch wir wollen nicht gerade streitsüchtig sein, sondern nach Möglichkeit nach Einigung trachten, wenn es aber nicht anders geht, werden wir jederzeit unsere Rechte zu wahren wissen", hielt der Schriftführer im Protokoll zur Jahreswende 1930/31 fest.

Das Rad der Zeit aber ließ sich von ihnen dennoch nicht länger aufhalten. Aus den seit dem Jahre 1883 rollenden Fahrzeugen mit Benzinmotor entwickelten sich alsbald auch Modelle, die für Landwirtschaft und Schwertransport verwendbar waren. Ein „Bulldokverkehr" sollte 1931 auf den Distriktsstraßen Lenggries–Fall und Jachenau zugelassen werden, wogegen sich der Verband energisch wehrte. „Für die Flösserei wäre dies ein bedeutender Schaden und würde langsam aber sicher deren Untergang auf dieser Strecke herbeiführen, zumal auch das Walchenseewerk den Achsenverkehr mit allen Mitteln fördern würde, um von der Abgabe des Zuschusswasser befreit zu sein". Gemeint war die Abgabe von Wasser aus dem Walchensee durch Öffnung der Schleuse zum Jachen, seinem natürlichen Abflußbach. Zu Triftzeiten war das Werk verpflichtet, in den Jachen Wasser abzugeben, damit die gefällten Holzstämme auf dem Bach hinunter zur Isar getrieben werden konnten.

Zwei Jahre später beleuchtete der Vorsitzende des Flößerei-Interessenten-Verbandes Isar-Loisachtal, Georg Willibald, die momentane Lage des Gewerbes und ermutigte die Zugehörigen, daß sie „trotz aller Not nicht mutlos werden" und „treu zur Fahne halten" sollten, dann wird die Flößerei „nie untergehen. Denn der Wasserweg ist und bleibt der billigste, und es wird auch wieder die Zeit kommen, wo man unser Holz nicht nur im Rheinland wünscht, sondern auch wieder in München."

Das Jahr 1937 aber drängte die Floßfahrt in eine andere Richtung. Zwecks Auflösung des Verbandes oder Überführung in die „Reichsverkehrsgruppe, Gruppe Binnenschiffahrt, Fachuntergruppe Flösserei" beschlossen die Mitglieder, sich mit genannter Verkehrsgruppe in Verbindung zu setzen . . .

# D'Isar

I bin de Tag durchs Zwieselghölz
staad awi drentahal vo Tölz.

A'n Tol drunt hots an Steig vermurt
und d'Isar hot da druntn gsurt,

und auffagfunkelt hot s' so grea.
I ho mi gfreit. Ah, de is schea!

So kimm i hintre bis auf Fall,
da hot s' scho no den bessern Drall.

De Flößa han i aa zuagschaugt,
wia s' g'arbat ham. Des hot ma taugt.

Na sans dahi auf eahre Floos.
De zaachn Deifi, de hams los!

Dia moanst, etz rumpelns auf an Stoa,
und allwei kemma s' wieda z' toa,

und draahn si durch de gaachste Schnölln
des san scho ganz verwogne Gsölln!

I ho ma denkt: Es paßts ja zsamm,
und sölle Kerl muaß d' Isar ham;

an andra kaam mit der it zwegn.
O mei, de Gaudi mecht i sehgn,

bal sie it mog und er it ko,
de braucht halt aa den rechtn Mo.

A Frauenzimmer is s', a rass' –
bal s' oana zwingt, der hot sei'n Gspaß.

           Aus „Bairisch Herz" von Max Dingler
                (Mundart-Dichter), 1883–1961

# Flößerhaken kreuzt Bischofsstab

Obwohl sich durch den Bau des Walchensee-Kraftwerks die ursprüngliche Landschaft im Oberen Isartal, Dörfer, Wirtschaft und Gewerbe äußerlich stark verändert hatten, hielten die Gemeinden an den alten Symbolen ihrer durch die Flößerei geprägten historischen Wappen fest. Nichts wurde daran verändert oder zugefügt. Die vergangene Zeit sollte weiterleben in den Wappen von Krün und Wallgau, wo uns Isarwellen und Flößerhaken an die Jahrhunderte erinnern, als die Flößerei für das wirtschaftliche Leben dieser Orte von ausschlaggebender Bedeutung war.

Die auf Rot dargestellte goldene Mitra mit abhängenden Bändern im Krüner Wappen verweist auf Freising (rot und gold sind die Wappenfarben von Freising). Krün gehörte seit dem 14. Jahrhundert zur „Hochfürstlichen Freysingischen Grafschaft Werdenfels" und unterstand hoheitlich somit dem Fürstbischof von Freising. Den Menschen erging es unter dem Landesherrn nicht schlecht, denn der Handel zwischen Deutschland und Italien blühte. Für reges Treiben und mehr Wohlstand am Ort sorgte jedoch erst die im 15. Jahrhundert gegründete „Nasse Rott", die geregelte Transportflößerei auf der Isar.

Wappen von Krün

Wappen von Wallgau

Der Flößerhaken im Krüner Wappen steht für dieses einst bedeutende Handwerk. Als Universalwerkzeug wurde die lange kräftige Stange mit Haken und Widerhaken zu vielen Arbeiten verwendet, am häufigsten jedoch, um die Floßstämme im Wasser heranzuziehen.

Der silberne Abtstab, der den Flößerhaken schräg kreuzt, wird dem Kloster Benediktbeuern zugeschrieben, dessen Wappenfarben silber und rot sind. Es besaß in Krün ursprünglich die grundherrschaftlichen Rechte, die Verfügungsgewalt über Grund und Boden. Von den Mönchen wurde der Wald gerodet und urbar gemacht. Im Jahre 1491 verkaufte Abt Narzissus von Benediktbeuern seine Grundherrschaft an das Hochstift Freising. Der Fürstbischof war nun Landesherr und gleichzeitig Grundbesitzer in Krün geworden. Die Bauern zahlten an ihn ihre jährlichen Abgaben.

Wallgau an der oberen Isar gehörte ebenfalls zur alten Grafschaft Werdenfels, deren Name als Landschaftsbezeichnung „Werdenfelser Land" heute noch lebendig ist. Bis zum Jahre 1802 hatte das Hochstift Freising dort die Landeshoheit inne. Neben Freising war das Kloster Benediktbeuern in Wallgau begütert. Es spielte in der Geschichte der Gemeinde eine wichtige Rolle.

Der Isarflößerei sowie der Lage des Ortes an der alten Handelsstraße München–Wolfratshausen–Mittenwald kamen in der Vergangenheit große Bedeutung zu. Viele Einwohner verdienten ihren Lebensunterhalt als Floß- und Fuhrleute. An einer Fernstraße gelegen, hat die Wallgauer Kirche den Pilgerheiligen Jakobus zum Patron. Das Wappen stellt die Gegebenheiten der geographischen Lage, der Geschichte und der kirchlichen Verhältnisse Wallgaus symbolisch dar: Der goldene Dreiberg und blaue Wellenbalken weisen auf den Ort im Gebirge und an der Isar hin. Die Hauptfarben Rot und Gold erinnern an die „Hochfürstliche Freysingische Grafschaft Werdenfels". Wie im Krüner Wappen sind Flößerhaken und Abtstab gekreuzt als historischer Hinweis auf die Verbindung mit Kloster Benediktbeuern und die für Wallgau früher so wichtige Flößerei.

Die silberne Pilgermuschel im Wappen ist ein Attribut des Pilgerapostels Jakobus. Sie versinnbildlicht die kirchlichen Verhältnisse des Ortes, der an einer Fernroute, der Kesselbergstraße, gelegen ist. Seit Beginn des 18. Jahrhunderts verkehrte hier die Postkutsche, die auch Johann Wolfgang von Goethe auf seiner Reise nach Italien nahm.

„Hochfürstliche Herrschafft Mittenwaldt"
Um 1700, neu gemalt von A. Kromer, 1885

# Ein Zentrum der Isar-Flößerei: Mittenwald

## „Nasse Rott" in Mittenwald

An der wichtigen Handelsstraße aus Italien kommend, auf welcher Kaufmannsgüter von Venedig und der „Levante", den Küstenländern des östlichen Mittelmeers, nach Deutschland befördert wurden, entwickelte sich der Ort Mittenwald zum bedeutenden Knotenpunkt. Nach anstrengender Überquerung der steilen Gebirgspässe mit Hilfe der aufgepackten Saumtiere und Karren führte der Handelsweg über Zirl, Seefeld hinab nach Scharnitz und Mittenwald. Dort wurden die Waren am Markt niedergelegt und durch die einheimischen Fuhrleute weiterverfrachtet. Das Speditionswesen Mittenwalds war seit langem vortrefflich durch den Verein der bürgerlichen Fuhrleute, der sogenannten Rott, organisiert.
Der Andrang von Kaufmannsgütern am Markt von Mittenwald nahm so zu, daß die Rottfuhrleute auf der Straße für die Weiterbeförderung derselben nicht mehr ausreichten. Sie errichteten deshalb im Jahre 1407 zusätzlich ein Rottfuhr-Unternehmen auf dem Wasser, der vorbeifließenden Isar. Die „Nasse Rott" stieß bald auf großes Interesse bei den Kaufleuten, da auf dem Wasserweg verführte Güter vor Überfällen „zahlreicher Placker", welche an Straßen den Rottfuhren auflauerten, geschützt waren. Die Floßmeister stellten ihrerseits dementsprechend harte Bedingungen, verbunden mit hohen Frachtkosten. Den Städten, vor allem Nürnberg, war jedoch soviel an der Wasserrott gelegen, daß sie im Jahre 1431 auf Errichtung einer regelmäßigen Isar-Floßfahrt für ihre Güter drangen, welche aus dem Deutschen Handelshaus in Venedig kamen.
Schließlich setzten sich die bayerischen Herzöge Ernst und Wilhelm ein und schrieben zugleich den Frachtlohn fest; „daß nämlich von dem Säm Trockengut 15 Kr., von dem Säm Blei oder Öl 14 Kr., für Wasserstallung 1 Kr. bezahlt, Hüter zu den Flößen bestellt würden und die Kaufleute Kaufrecht, die Floßleute Floßrecht haben sollten". Zu einer festen Wasserrott-Ordnung kam es jedoch erst im Jahre 1450. Gen München 1 Saum Trockengut liefern zu lassen kostete nun „18 kr. und nit mehr". Neu dazugekommen war die Vorschrift, daß von jedem Weinfloß 3 Maß Trinkwein für die Floßmeister zu stellen seien.

Die goldene Zeit Mittenwalds begann, als die stolzen Venetianer Kaufleute ihren früheren Hauptstapelplatz für Waren, nämlich Bozen, nach einem Streit mit der dortigen Regierung verließen. Auf der Suche nach einem anderen passenden Ort wählten sie Mittenwald aus, das nicht allzuweit von Italien entfernt liegt. Hier hielten sie von 1487 bis 1679 den sogenannten „Bozener Markt" ab, auf welchem die „welschen", die fremden Waren angeboten, verkauft und verfrachtet wurden: Gewürze, Südfrüchte, Ballen mit Baumwolle, Pfeffersäcke in großer Anzahl, Büschel Filetseide, Säcke mit Johannisbrot, Säcklein mit Safran und Ingwer, Ballen mit Schreibpapier, große Schachteln mit Konfekt, Borten, Schleier, roter und schwarzer Samt, Schachteln mit Zitronato, Ölfässer, Fässer mit Feigen, Zucker, zahllose Fässer mit Welsch- und Etschwein . . .

Erhielten die Floßmeister der Nassen Rott einen Frachtauftrag, so hafteten sie persönlich für die ihnen anvertrauten kostbaren Güter. In Fässern und Kisten verpackt war das Frachtgut vor Nässe auf dem Floß geschützt. Unbeschädigt und unverdorben mußte es am Bestimmungsort abgeliefert werden. Jeder Floßmeister hatte gewissenhaft für das rechtzeitige Eintreffen und für Schonung der Ware zu sorgen. Während der Floßarbeit sollten sie „sich darzu mit Essen und Trinken nicht überfüllen". Bei Nacht oder starkem Nebel durfte nicht gefahren werden. Am Sonntag und „um Unser Lieben Frauen- oder Apostelfest" mußten die Flöße bei Strafe stilliegen.
Bevor ein Flößer wertvolle Kaufmannsgüter befördern durfte, mußte er Erfahrung im Gewerbe und Können auf dem Floß nachweisen. Denn die obere Isar zeigte sich in ihrem Lauf von Mittenwald bis Lenggries besonders wild. In der auf Pergament geschriebenen Handwerksordnung der Floßleute vom 12. 3. 1627 ist der berufliche Werdegang vom Floßmann bis zum Floßmeister festgelegt. Die Anzahl der Floßmeister wurde auf 20 beschränkt. Erst wenn ein Meister „abgeleibt" war, konnte ein anderer nachrücken.

- Nach 1 Jahr Floßfahrt mit eigenen Gütern (Schindeln, Lärchenholz, Kalk, Steinen) wurde der Floßmann als Steurer aufgenommen.
  Kosten: 1 Pfund Wachs für den Gottesdienst und 10 kr in die Handwerkskasse
- Ein geschickter Steurer (= hinten am Steuerruder), der auch ein Floß binden und die Ruder zurichten konnte, wurde Drittferge.
  Kosten: 1 Pfund Wachs für den Gottesdienst und 18 kr in die Handwerkskasse
- Der taugliche Drittferg, der ein Floß bereiten und führen mußte, konnte als rechter Ferge (= vorne am Ruder) bestätigt werden.
  Kosten: 4 Pfund Wachs für den Gottesdienst und 24 kr für die Handwerkskasse
- Floßmeister konnte nur ein verheirateter Flößer werden, wenn er einen ehrbaren guten Namen hatte und in Mittenwald „mit eignem Rucken angesessen" war.

Kosten: 4 Pfund Wachs für den Gottesdienst und 1 Reichstaler für die Handwerkskasse.

Zum Floßmeister hat es auch Karl Weineisen aus Mittenwald gebracht, der nebenbei noch Gastwirt in Gries war. Sein Sohn Karl, genannt „Schaper-Karl", der natürlich wie der Vater ein „Flößla" war solange es ging, erzählte einiges aus dem Flößerleben um die Jahrhundertwende, was in der Heimatkundlichen Stoffsammlung Isargau aufgeschrieben wurde:

Vor der Jahrhundertwende gab es in Mittenwald noch etwa ein Dutzend Flößer, einige von ihnen fuhren mit Kalk- und Kreideflößen bis nach Ungarn. Schon als 13jähriger Bub baute Karl mit seinem Vater in Scharnitz oder oberhalb der Isarbrücke an der Innsbrucker Straße (Flößerdenkmal) die Holzflöße.

Oft schon im März standen sie mit ihren bis zu den Hüften reichenden ledernen Wasserstiefeln im kalten Fluß, und bis in den Dezember hinein waren sie unterwegs, bis zu 40 Fahrten im Jahr durchführend.

Die Flöße waren 7 m breit und bis zu 21 m lang, manchmal mit Scheitholz beladen. Es fuhren immer 5–7 Flöße gleichzeitig ab, damit die Männer unterwegs einander helfen konnten, festgefahrene Flöße wieder flottzumachen oder abgerissene Stämme einzufangen. Eine harte und gefährliche Arbeit war es schon, aber die Flößer verdienten gut. Für eine Fahrt erhielt jeder Mann vom Floßmeister 14 Mark, die ganze Verpflegung war frei. Und der Appetit war nach der anstrengenden Fahrt gewiß nicht gering. In Tölz machten sie meist Station. Das Abendessen – „Suppe, Fleisch, Braten, Brot und Bier genug, Schlafen und früh wieder Fleisch und Bier" kostete zusammen 2,50 Mark. „Zwoaradreiß'g gsottene Eier hom a Markl koscht!"

Um 1900 wurden dann in Mittenwald auch Brettsägen gebaut, und es blieb kein Holz mehr zum Flößen. Der Schaper-Karl fuhr als Ferge im Jahre 1905 das letzte Floß nach München.

Vereinzelt wurden später noch Personenfloße gefahren, aber der Bau des Stausees bei Krün brachte die Mittenwalder Isarflößerei endgültig zum Erliegen. Karl Weineisen starb hochbetagt im Jahre 1959 als der letzte Flößer von Mittenwald.

# Bittgang der Mittenwalder Flößer

Um das Jahr 1450 entstand im aufblühenden Mittenwald ein eigener Ländhafen für den Floßwarentransport der „Nassen Rott". Das Ländbecken, „die Alter" genannt, mit einem Ausmaß von 50 m Länge und 16 m Breite, wurde vom Isarkanal gespeist und befand sich unterhalb der St. Nikolauskirche, der „Flößerkirche".
Die Floßleute stifteten sie zu Ehren ihres Schutzpatrons, welche erstmals im Jahre 1447 urkundliche Erwähnung fand. Weitere Spender waren der Rat und die Richter aus Mittenwald, die in einer Urkunde von 1493 als „Stiftsherrn der Messe St. Niklas" genannt sind.
Im Jahre 1672 mußten Reparaturen am gotischen Gewölbe und an der Seitenmauer vorgenommen werden. Der Kistler Andreas Jais aus Mittenwald fertigte einen neuen Choraltar, und der Innsbrucker Johann Hartwig malte das Choraltarbild mit St. Nikolaus. „Demnach bei diesem Gotteshaus kein Kirchturm vorhanden gewest und einen solchen zu erheben als Notdurft erachtet...", kam es in der Folge zum Turmbau. Im Jahre 1728 erhält der Turm den „Zopf", er wird zum Doppelzwiebelturm.
Es herrschte früher reges Leben am Ländhafen in Mittenwald, wenn die mannigfachen Waren auf die Flöße verladen wurden und die reisewilligen Menschen auf günstige Mitfahrgelegenheit warteten. Endlich voll beladen, kam der Moment des Abschiednehmens und mancher Flößer oder Mitreisende mag vor Antritt der Floßfahrt noch gebetet haben. Zwar galt der Wasserweg gegenüber dem Landweg als sicherer vor Überfällen, doch die Isarstrecke selbst von Mittenwald bis München war keineswegs ungefährlich. Tücken und Gefahren lauerten auf dem Wasser, steile Klippen und Felswände, Schluchten und Klammen im Flußbett. Zwölf Stunden dauerte die Floßfahrt bei Normalwasser bis nach München und bei glücklicher Ankunft empfanden alle Mitreisenden die gleiche Dankbarkeit wie die Flößer.
In Verehrung ihres zweiten Schutzpatrons, St. Johannes Nepomuk, errichteten die Floßleute eine weitere Andachtsstätte. An der Ländschleuse bei der Alter entstand die Nepomuk-Kapelle, in welcher sie vor der Abreise um eine gute Fahrt und gesunde Rückkehr beteten. Die Nepomuk-Kapelle besteht heute nicht mehr, und auch die Alter ist mit der Isarregulierung verschwunden.
Früher hielten die Mittenwalder Flößer am 16. Mai, dem Namenstag des Brückenheiligen, ihren eigenen Bittgang von der Pfarrkirche am Ort zur Nepomuk-Kapelle an der Ländschleuse ab. Sie beteten für die Verstorbenen und Verunglückten der Isarflößerei den Rosenkranz. Auch die Flößer von Krün und Wallgau nahmen stets am Bittgang

teil. Nach Beginn der Säkularisation im frühen 19. Jahrhundert wurde der Brauch nicht mehr gepflegt.

Doch die verschiedenen Dank- und Bittgänge der Flößer zum Nepomuk-Altar in der Pfarrkirche St. Peter und Paul fanden bis um 1900, dem Ende der Flößerei in Mittenwald, weiterhin statt. Der Nepomuk-Altar befindet sich in der rechten Seitenkapelle und wurde vom Mittenwalder Gastwirt und Handelsfaktor Johann Karner gestiftet.

An hohen Festtagen wallfahrteten die Flößer und Fuhrleute aus der Mittenwalder Gegend und Tirol außerdem zum „Wundertätigen Herrgott unterm Turm", der sich in der Kreuzkapelle der Pfarrkirche befindet.

Zunehmend große Verehrung brachten die Flößer der Gottesmutter Maria entgegen, der sie sich bei höchster Lebensgefahr mit einem Versprechen verlobten.

Längst wurde in Mittenwald das Floßhandwerk von dem des Geigenbaus abgelöst, doch immer noch ist auf Menschen zu treffen, die vieles über das alte Flößerleben zu erzählen wissen.

## St. Johannes Nepomuk vorm Haus

Einige Umzüge hat er schon mitgemacht, der geschnitzte Heilige in seiner kleinen Nischenkapelle, bevor er zum jetzigen Standort kam, bei der Isarbrücke in Mittenwald, an der Abzweigung zur Leutasch-Klamm. Früher einmal lag er seinen Besitzern näher, als sich die Nepomuk-Kapelle noch beim Haus am dortigen Mühlbach befand, von dessen Existenz nur mehr ein altes Mühlrad Kunde gibt. Schon vor 260 Jahren kam Nepomuk in das Eigentum der Familie Seitz, die Grund, Haus und Kapelle links der Isarbrücke erwarb. Seitdem ist er in ihrer Obhut.

Es waren die Mittenwalder Flößer, welche für St. Johannes Nepomuk die Kapelle errichtet haben, denn auch an der Isarbrücke wurden Flöße zusammengebaut, beladen oder ländeten von Scharnitz kommend dort an. Vor jeder Abfahrt baten sie ihren Schutzpatron mit kurzem Gebet um Fürsprache für ein gutes Geleit.

Die lebensgroße Figur des Heiligen, aus einem Stück Holz im Ötztal geschnitzt, erhielt vom unbekannten Künstler das typische Aussehen mit Priestergewand, Birett, Palmzweig, Kruzifix und Sternenkranz. In der steinernen Nischenkapelle mit eiserner Gittertür ist St. Johannes Nepomuk vor Verwitterung geschützt.

Seit Generationen haben die Frauen aus der Gegend damit begonnen, am 16. Mai, zum Namenstag des Flößerpatrons, einen gemeinsamen Rosenkranz bei der Kapelle zu beten. Daraus ergab sich der ungeschriebene Brauch, daß die Eigentümer für angemessenen Blumenschmuck zum Ehrentag sorgen und die umliegenden Nachbarn die Kerzen stifteten.

Auch als der Heilige wegen Straßenbau einige Jahre sein Dasein am Rand der befahrenen Innsbrucker Straße fristen mußte, hörte das Rosenkranzbeten im Mai nicht auf. Allerdings waren die Besitzer genötigt, den staubigen Nepomuk vor jedem Ehrentag erst gründlich zu reinigen. Am liebsten benutzte Mutter Seitz dazu Salatöl, „weil er nachher so schön glänzt". Liebevoll rieb sie die Holzfigur von oben bis unten damit ein, was Stunden dauerte, bis St. Johannes Nepomuk wieder ein würdiges Aussehen hatte.

Zum festlichen Rosenkranzgebet an der Kapelle am Abend des Namenstags ließen sich die versammelten Frauen in ihrer Andacht durch nichts stören. Obwohl sie ohne polizeiliche Straßenabsperrung bis auf die Fahrbahn der Innsbrucker Straße standen, nahmen sie keinerlei Notiz vom Verkehrsaufkommen. Ihre Köpfe blieben andächtig im Gebet gesenkt, auch wenn sich Fahrzeuge der frommen Gruppe näherten. Nur vorsichtig oder gar nicht war es möglich, an den betenden Frauen mit Rosenkranzperlen in Händen vorbeizukommen.

Daß die Flößerei in Mittenwald um 1900 dem Ende zuging, konnte der Verehrung des Flößerpatrons nichts anhaben. Nach wie vor trafen sich die Frauen im Mai zum Rosenkranz an der Nepomuk-Kapelle. Erst in heutiger Zeit ist mit dem Tod von Mutter Seitz auch der alte Brauch eingeschlafen.

Doch ihr Sohn Peter, aufgewachsen mit St. Johannes Nepomuk vorm Haus, richtet immer noch zu Ehren des Heiligen die Kapelle auf. Vieles geht ihm durch den Kopf, während er Buchenstauden, Blumen und Kerzen aufstellt. Zwölfmal war er als Kind ins nahe Wasser gefallen, und einmal davon hatte ihn seine unglückliche Schwester mit dem Kinderwagen hineingeschoben. Doch der Schutzpatron hatte ihn jedesmal vor dem Ertrinken gerettet. Da ist die Beziehung zum Heiligen schon eine ganz besondere geworden, und die Gebete an ihn nehmen sich wie eine persönliche Zwiesprache aus. Unvergessen bleibt, wie St. Johannes Nepomuk einmal selbst in große Gefahr geriet, als ihm betrunkene Fallschirmspringer die Finger abschlugen. Diesmal half die Familie dem Heiligen und ließ ihn trotz hoher Kosten vom Restaurator wieder „gesundpflegen". Gerne hätte der Besitzer den Schutzpatron in einer Nische direkt am Wohnhaus, doch die kleine Nepomuk-Kapelle ist mittlerweile ein Teil des Ortsbilds geworden.

> Sanct Johann von Nepomuck
> Las uns dein hilf erfahren,
> Treib der Feunden macht zurück
> Wan sie uns wollen schaden.
>
> Gebet aus dem 18. Jahrhundert

# Heiliger Korbinian auf Isar unterwegs

Ein Spaziergang durch die Gassen Mittenwalds, entlang der herrlich bemalten alten Häuser und Gebäude, ist gleichsam ein Spaziergang durch die Geschichte des Ortes. Wie ein aufgeschlagenes Bilderbuch präsentieren Lüftlmalereien die historische Vergangenheit. Der „Bozener Markt", Kaufleute, Händler, Beamte, Reisende, Handwerker, Holzhacker, die Flößer an der Isar, der Geigenbau, Landschafts- und Tierszenen, Fahnenträger, die Heilige Familie, Schutzpatrone und Madonnen sind in bunter Freskomalerei an den alten Hausfassaden zu bewundern.
Auch St. Korbinian mit Bär ist darunter, jener Heilige, der im 8. Jahrhundert durch sein religiöses Wirken das Fundament für die Gründung des Bistums Freising gelegt hat. Im Bischofsornat mit Mitra, Stab und Evangelium ist der Schutzpatron des Bistums abgebildet. Ende des 7. Jahrhunderts kam Korbinian im damaligen Frankenreich bei Arpajon, südlich von Paris, zur Welt. Früh schon zog er sich in die Einsiedelei nahe seines Geburtsortes zurück, welche bald zur Pilgerstelle vieler Menschen wurde, die den Gottesmann sehen und sich seinem Gebet empfehlen wollten.
Um Ruhe zu finden, verließ Korbinian noch vor dem Jahr 715 die Einsiedelei, um unbekannt, nahe des Grabes von Apostel Petrus in Rom, zu leben, zu beten und dort zu sterben. Doch Papst Gregor II. hatte andere Pläne mit ihm. Er holte den Widerstrebenden aus der Einsamkeit und weihte ihn zum Bischof. Mit einem Missionsauftrag reiste er als Glaubensbote in die Gebiete nördlich der Alpen mit dem endgültigen Ziel „Frigisingo", dem heutigen Freising.
Als Wanderbischof verkündete er die Botschaft des Evangeliums, obwohl er von sich persönlich den Eindruck hatte, für das Amt ungeeignet zu sein.
Um das Jahr 720 kam Bischof Korbinian in der ältesten Stadt an der Isar, in Freising, an, wo er eine Marienkirche vorfand. Vom Burgberg aus beherrschte der bayerische Herzog Grimoald das Land. Er war es, der Bischof Korbinian gerufen hatte, damit dieser das Christentum verkünde. Vor der Herzogspfalz wurde der erste Gottesdienst gehalten.
Beim Festmahl in der herzoglichen Burg kam es jedoch zum Eklat, weil die Herzogin kein Stückchen Brot für die Armen geben wollte, aber ihren geliebten Jagdhunden die besten Speisen zuwarf. Korbinian riß das Tischtuch mit den Speisen und Trinkgefäßen von der Tafel und verließ wutentbrannt den Raum. Auch das Zusammenleben des Herzogpaares in unrechtmäßiger Ehe war eine Tatsache, die Bischof Korbinian nicht akzeptieren konnte. Er forderte Herzog Grimoald auf, sich von Piltrudis zu trennen.

Um einem rachsüchtigen Mordanschlag der Herzogin zu entgehen, flüchtete Korbinian in die Einsiedelei bei Meran. Erst vier Jahre später kehrte er unter dem neuen Herzog Hugibert nach Freising zurück, wo er wenige Jahre später, am 8. September 725, starb. Seine Gebeine ruhen im goldenen Schrein in der Krypta des Mariendoms. Sein Grab ist Mittelpunkt der Glaubensgeschichte im Bistum München und Freising.

Die Legende erzählt, daß Korbinian, auf dem Weg zum Papst nach Rom, beim Überschreiten der Alpen auf einen Bären traf. Das wilde Tier brach aus dem Unterholz hervor und tötete das Pferd des Bischofs, welches sein Reisegepäck getragen hatte. Korbinian sprach einen Segen, und auf wundersame Weise wurde der Bär plötzlich zahm. Er ließ sich das Gepäck aufladen und trug es für Korbinian nach Rom.

Auf dem Rückweg nach Bayern ließ er in Mittenwald den Bären, der ihm brav die Reiselast nach Rom geschleppt hatte, wieder laufen. Der Heilige ging dann hinaus zur Isar, breitete seinen Mantel auf das Wasser und fuhr auf demselben glücklich nach Freising.

Die Lanze aber, mit der er das Tier angetrieben hatte, ist noch heute beim Bäckermeister Zunterer in Mittenwald zu sehen. Die Fassade des Hauses am Obermarkt schmückt seit 1945 eine Lüftlmalerei von Heinrich Bickel mit folgender Inschrift:

Anno Do. DCCXXIV (im Jahre 724), als dieses Haus noch eine kleine Klause MITTEN IM WALDE war, weilte hier St. Korbinian zu einer kurzen Rast. Sein Geschenk, ein prächtiger Stab, wird heute noch in diesem Hause verwahrt und hoch in Ehren gehalten.

St. Korbinian mit der Lanze

Hl. Nikolaus, Flößerfahne in St. Maria Thalkirchen

# Religiöses Brauchtum rund um die Flößerei

## St. Nikolaus – der frühe Schutzpatron der Flößer

Wohl kaum ein Heiliger ist so bekannt und „beschäftigt" wie St. Nikolaus, der nicht nur als großer Kinderfreund am 6. Dezember alljährlich in Erscheinung tritt, sondern auch als Schutzpatron vieler Menschen und Berufsstände verehrt wird: Bäcker, Müller, Metzger, Weber, Apotheker, Kaufleute, Brückenbauer, Juristen, Reisende, Pilger, Schüler, Jungfrauen, Gebärende, Schiffsleute und Flößer vertrauen ihm ihre Nöte an. Städte und ganze Länder stellten sich unter seinen Schutz; für das weite Rußland ist er der Schutzpatron.
St. Nikolaus gehört außerdem zu den vierzehn Nothelfern, die als katholische Heilige seit dem „Schwarzen Tod" als Heilbringer und Helfer angerufen werden. Meist ist er als Bischof mit Stab, Mitra und Inful, Rauchmantel und Chorrock abgebildet, die rechte Hand zum Segen erhoben. Häufige Attribute sind das Evangelium, drei Goldkugeln, auch Ähren und Anker. Oder St. Nikolaus ist als segnender Begleiter in der Nähe von Schiffen und Flößen dargestellt.
Am 6. Dezember, seinem Todestag, wird der Heilige verehrt, da sein Geburtstag nicht sicher überliefert ist.
Sein Leben zeichnete sich durch Milde und Güte aus. Die vielen hilfreichen Werke der Nächstenliebe ließen ihn durch die frommen Erzähler bald zum Volksheiligen werden. Nikolaus wurde im 4. Jahrhundert in einem kleinen Dorf bei Myra (heute Demre) geboren. Die Landschaft ist dort, an der Südküste Kleinasiens, gebirgig und steil zum Meer abfallend. Nach einer Legende setzte er schon als neugeborenes Kind seine Umgebung in Erstaunen: „S. Niclas als er geboren ward, und am ersten gebadt war, stand er auff und das geschach im Ersten Bad." So erzählt die gotische Inschrift unter einem seltenen Gemälde, das den Heiligen als nackten Neugeborenen zeigt. Es befindet sich in der Nikolauskirche von Farchach, Kreis Starnberg. Auf dem Bild, das sich in der Geburtsstube abspielt, wird Klein-Nikolaus von einer Hebamme im „Badwand'l" gewaschen, wobei er sich selbst aufgerichtet hat und freihändig im Wasser steht.
Wie die Legende berichtet, war er das Kind rechtschaffener Eltern und wünschte sich

von klein an, ein einsamer Mönch in der Wüste zu werden. Sein Onkel, der damalige Bischof von Myra, weihte ihn zum Priester. Einige Zeit stand er einem Kloster vor, das sein Onkel erbaut hatte. Nach dessen Tod begab er sich auf eine Wallfahrt ins Heilige Land. Als er nach Myra zurückkehrte, wurde er – zu seiner eigenen Überraschung – zum Bischof ernannt.

Er liebte die Menschen und half besonders den Armen oder in Not Geratenen, die ihrerseits nicht müde wurden, von seinem guten Herzen zu erzählen. Viele Legenden haben sich daraus entwickelt. Bekannt ist die Legende von den drei goldenen Kugeln: Ein armer Vater konnte seine drei Töchter nicht mehr ernähren und erst recht keine Aussteuer für sie beschaffen. Da warf Nikolaus den Mädchen nachts drei Äpfel aus purem Gold in die Stube. Nun stand einer Heirat dank der ansehnlichen Mitgift nichts mehr im Wege. Andere Erzähler wußten, daß die Goldklumpen durch den Schornstein ins Haus gekommen und sie in die zum Trocknen aufgehängten Strümpfe der Mädchen gefallen waren.

Eine weitere Legende spricht von der Hungersnot in Kleinasien. Bischof Nikolaus selbst organisierte Getreide und Früchte für die Hungernden seiner Stadt und brachte sie mit dem Schiff nach Myra. Dabei soll sich der Teufel unter die Kornsäcke geschlichen haben, um das Getreide zu verderben. Doch Nikolaus schlug das Kreuz über ihn, und seitdem muß der schwarze Gesell dem Heiligen dienen. Für die hungerleidende Bevölkerung ließ der Bischof vom mitgebrachten Getreide Brot backen. Heute noch werden deshalb ihm zu Ehren um den Nikolaustag die „Spekulatius"-Plätzchen in vielen Ländern gebacken. Auch die Seeleute wußten vieles über den Bischof von Myra zu berichten, der am Hafen die Matrosen aufsuchte, ihnen aus der Bibel erzählte, seelischen Beistand gab und notfalls auch mit Essen speiste. Sie erkoren ihn zu ihrem Schutzpatron.

Am 6. Dezember 343 n. Chr. verstarb der wohltätige Bischof Nikolaus. Er gehört zu den wenigen frühchristlichen Heiligen, die nicht den Märtyrertod erleiden mußten. Schon bald begannen viele Gläubige aus dem Land an sein Grab zu pilgern, das sich in der Kirche von Adalia befand, die später zur Nikolaus-Basilika vergrößert wurde. Auf wundersame Weise soll sich in einer Vertiefung des steinernen Sarkophags „heiliges Wasser" gesammelt haben, dem Heilkraft nachgesagt wurde, wenn man die erkrankten Körperteile damit benetzte.

Über Jahrhunderte hielten vier Mönche am Grab des beliebten Heiligen Wache, wiesen die Pilger ein und versorgten das am Kopfende des Sarkophags brennende Ewige Licht mit Öl.

Der Nikolaus-Kult verbreitete sich weiter in der griechischen und russischen Kirche. Im 9. Jahrhundert erreichte er Rom und Unteritalien. Fanatisch gläubige italienische

Kaufleute raubten schließlich im Jahre 1087 die Gebeine des Bischofs von Myra und überführten sie nach Bari in Süditalien, wo sie heute noch in der Krypta der dortigen Nikolaus-Basilika ruhen. Bari wurde dadurch zum großen Wallfahrtsort, und Abertausende von Pilgern bewegten sich schon kniend und betend um das Marmorgrab des Heiligen.

Durch die Kreuzfahrer gelangte die Nikolausverehrung schließlich auch in unsere Heimat. Zahlreiche Kapellen und Kirchen, meist in Flußnähe gelegen, wurden dem Heiligen errichtet. Die Schiffer und Flößer erwählten ihn, den am Wasser geborenen und dort wirkenden Bischof von Myra, zum persönlichen Schutzpatron bei Wassergefahr.

Auf dem Zunftbanner der Wolfratshauser Flößer, das Graf Berthold III. im Jahre 1159 gestiftet hatte, war St. Nikolaus bereits abgebildet. Auch die späteren Flößerfahnen im Oberen Isartal und Isarwinkel zeigen häufig den Heiligen.

Nikolaus-Bruderschaften wurden gegründet als religiöse Vereinigungen mit sozialer Zielsetzung. Die Lenggrieser Flößer schlossen sich zur „Nikolai-Floßleute-Versammlung" zusammen, eine der ältesten Vereinigungen der dortigen Gegend. Sie hatte das religiöse Ziel, Gott zu bitten und zu danken für eine glückliche Floßfahrt und Abwendung von Todesgefahr mit Hilfe ihres Wasserpatrons. Das Lob- und Dankamt war auf Montag nach Heilig-Drei-König festgesetzt. In der Lenggrieser Kirche St. Jakob befindet sich eine Tragstange mit Nikolaus-Statue, die noch von der alten Bruderschaft stammt.

Die große Verehrung des Schutzpatrons kam auch durch bunte Freskomalereien mit Nikolausabbildungen an Mühlen oder Häusern nahe dem Wasser zum Ausdruck, wie sie heute noch entlang der Isar und Loisach zu finden sind.

Den Flößerkindern aber stattet St. Nikolaus am 6. Dezember, genau wie allen anderen braven Kindern, seinen Besuch ab. Solange sie noch klein sind, kommt er persönlich in die Stube. Später legt ihnen der Kinderfreund ein „rupfernes" Sackerl oder ein paar Welschnüsse vor die Tür.

# St. Johannes Nepomuk – der Brückenheilige

Ein populärer Heiliger im süddeutschen und österreichischen Raum, der nicht nur innerhalb der Gotteshäuser anzutreffen ist, sondern häufig als Statue an Flußufern, Bächen, Teichen, vor allem aber auf Brücken zum vertrauten Anblick gehört, ist St. Johannes Nepomuk. Ein auffälliger Heiliger, dessen Haupt meist mit einem Lichterkranz von fünf Sternen umgeben ist. Die kleinen Sterne bedeuten jeder für sich einen Buchstaben, die zusammengelesen das lateinische Wort „Tacui", ich habe geschwiegen, bedeuten sollen.
Nach der Legende wurde der gefolterte und in die Moldau gestoßene Märtyrer als verklärter Leichnam ans Ufer getrieben und diese Stelle von himmlischem Licht mit Sternen erhellt. Geschwiegen bis in den Tod – Johannes Nepomuk brach das Beichtsiegel nicht, dem er als Priester verpflichtet war.
Königin Sophie, eine bayerische Prinzessin, die im Jahre 1389 dem jähzornigen König Wenzel IV. von Böhmen angetraut wurde, schätzte Johannes Nepomuk als Beichtvater. Als ihr Gemahl Auskunft über den Inhalt der abgelegten Beichte seiner Frau verlangte, konnten weder Schmeicheleien noch Bestechungen Johannes Nepomuk dazu verleiten, einen Treuebruch zu begehen. Da ließ der tyrannische Herrscher durch „peinliches Verhör" nachhelfen. Am 20. März 1393 übergab er ihn seinen Folterknechten. Entkleidet und am Streckgalgen hochgezogen, wurde Johannes Nepomuk mit Fackeln gebrannt, ohne ihm jedoch das Beichtgeheimnis entlocken zu können. Nachts wurde der Sterbende gefesselt von der Steinernen Brücke in Prag in die reißende Moldau gestürzt und ertränkt.
Im Sommer des gleichen Jahres herrschte große Trockenheit im Land, was die Menschen als Gottesurteil für das ungeheure Geschehen empfanden. Der Prager Erzbischof Johannes von Jenzenstein schrieb in seinem Bericht an den Papst über die Vorkommnisse um Johannes Nepomuk bereits von einem „heiligen Märtyrer".
Doch schon bei der Geburt von Johannes Welflin, wie Johannes Nepomuk eigentlich hieß, ereigneten sich der Legende nach wundersame Dinge. Als Sohn des Stadtrichters kam er um 1350 im kleinen Marktflecken Pomuk (oder Nepomuk) bei Pilsen in Südböhmen zur Welt. Über seine Wiege soll ein himmlisches Flammenzeichen geleuchtet haben. Während einer schweren Erkrankung in Kinderjahren errettete ihn die heilige Muttergottes. Von ihm gemalte Bilder an den Außenwänden seines Elternhauses konnten weder durch Witterung noch durch Menschenhand zerstört werden, was als erstes eigenes Wunder, durch seine Hände geschehen, aufgefaßt wurde.

Mit etwa 30 Jahren wurde Johannes zum Priester geweiht. An der Universität von Prag und Padua studierte er das Kirchenrecht, war Lehrer der Theologie und ein ausgezeichneter Prediger. Im Jahre 1389 wurde er zum Generalvikar des Prager Erzbischofs ernannt und damit zu einem der höchsten Würdenträger der Kirche.

Die einfache Bevölkerung vergaß er darüber nicht, im Gegenteil, er stellte sein Wissen über Recht und Gesetz kostenlos den Armen zur Verfügung. Kranke, Witwen und Waisen versorgte er mit Almosen. Selbst beim unberechenbaren König Wenzel legte er für die Hofbediensteten ein Wort ein, wenn der Herrscher im Zornesausbruch zu weit ging und z. B. einmal den Befehl gab, den Koch, der einen Kapaun hatte anbrennen lassen, selbst am Spieß zu braten.

Sein Mut und die Gottestreue, sich nicht zum gewissenlosen Werkzeug des autoritären Königs machen zu lassen, brachten ihm den Märtyrertor, der gleichzeitig der Anfang einer neuen religiösen Verehrung wurde.

Sein Grab im St.-Veits-Dom auf dem Hradschin in Prag zog die Menschen aus dem Volk an, das, von vielerlei Nöten geplagt, sich an den Märtyrer wandte. Vor allem gegen üble Nachrede und Verleumdung soll Johannes von Nepomuk vielen geholfen haben. Aufgrund eines Gelübdes in Todesgefahr, das Freiherr von Wunschwitz 1683 Johannes Nepomuk ablegte, entstand aus Dankbarkeit für die erteilte Hilfe eine große Bronzestatue, die ihren Standort in der Mitte der Karlsbrücke in Prag erhielt. Der ausführende Künstler hat Johannes Nepomuk in priesterlicher Kleidung, mit langem Rock und spitzenbesetztem Chorhemd, mit Schulterumhang und Birett dargestellt. Sein Haupt ist von einem Strahlenkranz mit fünf Sternen umgeben. Seine rechte Hand hält einen Palmzweig, das Attribut der christlichen Märtyrer, in der linken umfängt Johannes ein Kruzifix mit dem gekreuzigten Christus. Diese frühe Darstellungsform wurde von vielen späteren Künstlern übernommen. Als erste Figur auf der Prager Brücke war sie zudem Zündfunke für weitere Statuen auf zahlreichen Brücken im ganzen Land.

Die zunehmend breite Verehrung, die Johannes Nepomuk sowohl im einfachen Volk als auch unter Fürsten, Adeligen und geistlichen Würdenträgern genoß, führten im Jahre 1721 zu seiner Seligsprechung und 1729 aufgrund seiner Wunder endlich zur Heiligsprechung des Märtyrers.

St. Johannes Nepomuk wurde der Schutzpatron des böhmischen Landes. Seinem Patronat unterstellten sich Priester, Beichtende, Sterbende, Reisende zu Wasser und zu Land, Kaufleute, Müller, Schiffer, Wasserarbeiter. Er wurde weit über die Grenzen hinaus als guter und getreuer Priester verehrt und auf vielen Gemälden mit anderen Heiligen dargestellt.

Auch die Flößer vertrauten sich St. Johannes Nepomuk, dem Brückenheiligen, an. Denn gerade die Brücken waren es, die alle Flößer fürchteten. Schnell kam es zu Unglücksfällen, wenn das Floß an einen Pfeiler stieß und auseinanderbrach. Immer häufiger begegneten sie ihrem neuen Schutzpatron als Statue auf zahlreichen Brücken, die sie bei ihrer Fahrt mit dem Floß passieren mußten. Bald gehörte es zum Zeremoniell der Flößer, vor dem Heiligen ehrfurchtsvoll den Hut zu ziehen, bevor sie unter der Brücke durchfuhren.

> Johann von Nepomuk, ein Zier der Prager Bruck;
> der du hast müssen hier dein Leben schließen
> im Moldaufluß!
>
> Dein Nam ist wohlbekannt im ganzen Böhmerland,
> der du jederzeit der Verschwiegenheit
> ein Meister bist.
>
> Du als ein Rosenrot, lieblich allzeit vor Gott,
> wenn die Augen brechen und der Mund will sprechen,
> so steh mir bei.
>
> Amen, das werde wahr, daß mein Zung immerdar
> ohne End kann sagen: Johann liegt begraben
> im goldnen Dom zu Prag.
>
> Altböhmisches Wallfahrtslied

Darstellung des hl. Johannes von Nepomuk in dem Aufnahmeformular der „bürgerl. Herren Länd- und Holzmeister"

# Johanni-Brauch

Im 18. Jahrhundert begann in Böhmen der Brauch des Lichterschwemmens mit Wasserprozession am Vorabend zum Namensfest des heiligen Johannes Nepomuk. Kinder sangen auf den Brücken Lieder, und festliche „Illuminationen" ließen den Namen des Heiligen auf Transparenten erglänzen. „Lichtlein schwimmen auf dem Strom, Kinder singen von den Brücken", beginnt auch ein böhmisches Lied aus dem Jahre 1820. Dem romantischen Zauber des frühsommerlichen Brauchs konnte sich weder Jung noch Alt entziehen.

Auch die Flößer unserer Heimat nahmen die Wasserprozession in ihr Brauchtum auf. Als „Johanni-Floßfahrt" erhielt sie im Alpenland eigenständige Form. Jeder Flößerort gestaltete die Fahrt bei abendlicher Dämmerung ein wenig anders, aber alle waren bemüht, für ein schönes Schauspiel zu Ehren ihres Schutzpatrons zu sorgen, der auf geschmücktem Floß ein Stück der Isar oder Loisach hinuntergefahren wurde.

„Seit dem 16. Mai 1875 führten die Flößer von Lenggries die Johannisfloßfahrt durch", ist in der Publikation der Gemeinde Lenggries, Ein Streifzug durch Vergangenheit und Gegenwart, zu lesen. „Ein prächtig mit Kränzen, Blumen und brennenden Kerzen geschmücktes Floß, in dessen Mitte erhöht die Statue des Heiligen mitgeführt wurde, schwamm die mit vielen festlich gekleideten Flößern besetzte Floßtafel bei hereinbrechender Dunkelheit von Wegscheid zur Lenggrieser Isarbrücke. Die Musikkapelle spielte dazu ernste und heitere Weisen, während ringsum auf den Bergen überall Feuer aufflammten."

Die Tölzer Floßleute veranstalteten ihre feierliche Johannisfloßfahrt „am Vorabend von Johannes Nepomuk (15. Mai) auf tannengeschmückten Flößen mit Musik und feenhafter Beleuchtung".

In Wolfratshausen schienen die Flößer bei der „Johannes-Floßfahrt" besonderen Wert auf ein großes Feuerwerk gelegt zu haben. Nach einer Kostenrechnung aus dem Archiv der Floßmeisterinnung betrugen die Ausgaben für „Feuerwerk Mk. 107,–", während die weiteren Posten wie „Pechfackeln Mk. 6,–/Pulver Mk. 3,–/4 Kerzen Mk. 2,80/nochmals Kerzen und Petroleum Mk. 1,50" kaum zu Buche schlugen. Das Wolfratshauser Wochenblatt unterrichtete am 27. Mai 1885 seine Leser über die Johanni-Floßfahrt auf der Loisach:

„Nach neunjähriger Unterbrechung ist heuer in Wolfratshausen wieder die Floßfahrt zu Ehren des hl. Johann Nepomuk gewesen. Lange vor Beginn derselben war die Brücke dicht besetzt vom schaulustigen Publikum, war es doch Vielen etwas Neues und

Niegesehenes und Manchem eine alte Erinnerung. Mit Ungeduld erwartete man den Anfang, da es schon allmählich zu regnen anfing.

Endlich hörte man den Knall von Schüssen und sah von weitem die Lichter des ersten Floßes, auf welchem die Musik ihre fröhlichen Weisen ertönen ließ. Dann stieg eine Rakete zum Himmel und man sah auch die Lichter des zweiten Floßes, welches die Statue des hl. Johannes von Nepomuk mit sich führte, umgeben von Blumen und Gesträuchen und von Kerzenlicht und bengalischem Feuer beleuchtet.

Als das Floß ganz in Sicht und der Brücke immer näher kam, war es wirklich ein prächtiger Anblick: die Beleuchtung, das glänzende Feuerwerk und alles dieses durch Strahlen im ruhig fließenden Wasser der Loisach vervielfacht. Das Floß fuhr durch die Brücke, deren Durchfahrt durch Lampions angezeigt war. Unterhalb derselben drehte er sich und blieb mitten im Wasser stehen, um das Feuerwerk noch ganz abzubrennen. Richtig stiegen die Raketen in die Höhe und der glänzende Sprühregen verdoppelte sich im Wasser.

Leider hatte der Himmel kein Einsehen; denn es regnete dazu in Strömen. Auch von Seite der hiesigen Glasfabrik fand eine Beteiligung hiebei durch Fahrzeug und Feuerwerk statt. Trotz des starken Regens hielt das Publikum geduldig aus und ging lobend, bewundernd und zufrieden nach Hause."

# St. Maria Thalkirchen – Wallfahrtsort bei der Floßlände

Im Münchner Süden lädt nahe an der Isar, auf einem kleinen Bühel gelegen und vor Überschwemmung gut geschützt, seit mehr als 600 Jahren die reich geschmückte, der seligen Jungfrau Maria geweihte Wallfahrtskirche die Menschen zum Verweilen und Gebet. Seit die Schäftlarner Mönche am linken Isarufer eine kleine Marienkapelle errichtet hatten, zog es Gläubige an den einsamen Ort im Tale vor den Toren Münchens. Nach der Diözesanbeschreibung von Bischof Konrad III. gehörten dem Pfarrbezirk Thalkirchen im Jahre 1315 bereits sechs Filialen an: Solln, Pullach, Neuhausen, Schwabing, Mitter- und Untersendling, Nymphenburg.

Durch ein Gelübde aus dem Jahre 1372, das die beiden Grafen Wilhelm und Christian von Fraunberg zu Haag der Jungfrau Maria abgelegt hatten, als sie den reißenden Isarstrom in Verfolgungsnot überqueren mußten, kam es zur Vergrößerung der Marienkapelle.

> Dieß Gotteshaus im schönsten Flor –
> stieg 1372 hier empor.
> Durch Grafen von Frauenberg als er hier war –
> Mit seinen Kriegern in Gefahr.
> Es wurde erbaut zu Mutter Gottes Ehr –
> Weil sie mit Sieg gekrönt das Bayer'sche Kriegesheer.

Zwei große Gemäldetafeln mit bildhafter Darstellung des Gelübdes blieben der Wallfahrtskirche über Jahrhunderte erhalten, während andere Votivgaben und Kerzen im Laufe der Zeit aus dem Gotteshaus verschwunden sind.

Das Geschenk Herzog Albrecht III., des Frommen (Regierungszeit 1438–60), an St. Maria Thalkirchen, ein in Silber gefaßtes Kreuzpartikel, zog noch mehr Gläubige zum bekannt gewordenen Wallfahrtsort im Isartal.

Mit der dem Bildhauer Michel Erhart aus Ulm zugeschriebenen Marienfigur und Jesuskind aus dem Jahre 1482 nahm die „wundertätige Mutter Gottes zu Thalkirchen" Gestalt an. Sie wurde Hoffnung und Trost spendendes Ziel für Tausende von Wallfahrern, die mit ihren Anliegen nicht nur von der knapp eine Stunde Fußweg entfernten Stadt München herkamen.

Zu ihnen gehörten auch die Flößer aus dem Oberland, welche in Thalkirchen anländeten und Holz, Gips, Kalk und andere Waren mitbrachten. Weil eine befestigte Lände fehlte, steuerten sie die Ausbuchtung unterhalb des Maria-Einsiedel-Mühlbachs

an und warfen Hackerpfeil und Eisenschuh ans Ufer, um ihre Flöße anzuleinen. Regelmäßig hielten sie in Thalkirchen an, denn anschließend folgte eine gefährliche Passage bei den Überfällen, die sich schräg über das Flußbett erstreckten. Gleichzeitig verändert die Isar mit starkem Gefälle ihren Lauf nach rechts – eine Situation, die das ganze Können der Männer auf dem Floß erforderte. Bei der gefürchteten Stelle kam es nicht selten zu tragischen Unfällen. So wurde es Flößerbrauch, vor den Überfällen den Hut zu ziehen und ein kurzes Stoßgebet um himmlischen Beistand loszuschicken. Angesichts dieser ständigen Gefahr für Menschen, Fracht und Floß kam es im Jahre 1863 zum Zusammenschluß der Floßmeister von Isar und Loisach. Bei der „hohen Regierung" wurde man „unterthänigst gehorsamst vorstellig" wegen des Mangels einer ordentlichen Lände in Thalkirchen. Im Jahre 1864 ließ die königliche Regierung diese außerhalb der Stadt München gelegene Lände errichten und „hat keine Kosten gescheut, die Floßleute in dieser Beziehung zufrieden zu stellen, insbesondere ein eigenes Gebäude für einen Ländaufseher dortselbst hergestellt und einen Ländaufseher besoldet, welcher den ankommenden Flößern beym Länden behilflich ist".
Der festgelegte Platz war „bey Thalkirchen oberhalb der Überfälle, eine vollständig gut eingerichtete Lände am linken Ufer . . . mit einem Anländeplatz von circa 1400 Fuß Länge . . . Der Ländplatz liegt an einer guten Straße, welche nach Thalkirchen, Maria Einsiedel und andererseits nach München führt, und ist derselbe von den Flößen leicht anzufahren und zu erreichen".
Mit nur wenigen Schritten konnte von hier aus die Wallfahrtskirche erreicht werden, zu der es die Flößer aus Dankbarkeit drängte, wenn trotz drohender Gefahr die Fahrt auf der Isar gut verlaufen war.
Wertvolle Erinnerungsstücke aus der Blütezeit ihres Handwerks befinden sich noch heute in der Kirche. Es sind zwei kunstvoll verzierte Zunftstangen mit den geschnitzten Figuren der Schutzpatrone St. Nikolaus und St. Johannes Nepomuk sowie die Prozessionsstandarte der „Ehrsamen Zunft der Flossleute" aus dem Jahre 1860. Diese wichtigen religiösen Requisiten der Zunft wurden dem jeweiligen Zunftmeister anvertraut, der auch die Zunftlade mit den Urkunden, der Geldbüchse und den Rechnungsbüchern aufbewahrte. Der Innungsmeister der Flößergilde, Josef Dosch, welcher in Thalkirchen wohnte, vermachte noch vor seinem Tod 1926 die Flößerfahne und die Zunftstangen der Wallfahrtskirche.
Auf der Vorderseite ist St. Nikolaus mit Bischofsmütze und drei goldenen Kugeln dargestellt. Er soll sie nach der Legende drei armen Mädchen heimlich durchs Fenster geworfen haben. Der Bischof sitzt in Wolken von Engeln umgeben und blickt beschützend auf das unter ihm fahrende Floß. Es handelt sich um ein Ordinari-Floß mit beheizbarer Schutzhütte, das von vier Flößern geführt wird. Zwei Reisende sitzen

auf der Bank im Freien. „Ordinari" stammt aus dem Lateinischen und bedeutet „die Regelmäßigen", womit die regelmäßig verkehrenden, öffentlichen Reiseflöße von München nach Wien gemeint waren. Die Rückseite der Flößerfahne zeigt vermutlich St. Johannes Nepomuk, der jedoch ohne seine übliche Kopfbedeckung dargestellt ist. Der Schutzpatron schwebt ebenfalls in Wolken, doch über einem Warenfloß mit Hütte, worin sich die Flößer auf einer Feuerstelle warme Mahlzeiten zubereiten konnten, wenn sie tagelang mit der geladenen Fracht auf dem Wasser unterwegs waren. Gelegentlich nahmen sie, wie auf dem Bild zu sehen, auch Passagiere mit – vorausgesetzt die zu transportierende Ladung ließ es zu.

Eine weitere figürliche Darstellung des Märtyrers und Brückenheiligen befindet sich im Glassarkophag auf dem rechten Seitenaltar der Kirche.

Noch heute blüht die Wallfahrt zum Gnadenbild der „wunderthätigen Mutter Gottes zu Thalkirchen", vor allem in der Zeit des „Frauendreißigers". Das sind jene segensreichen 30 Tage zwischen Maria Himmelfahrt (15. August) und dem Fest der Kreuzerhöhung (14. September), wo jeden Nachmittag am festlich erleuchteten Rokoko-Altar das Allerheiligste ausgesetzt und feierlich der Rosenkranz gebetet wird. Nach alter Tradition kann dabei ein vollkommener Ablaß gewonnen werden. Mit Auflegung des Kreuzpartikels wird jeder einzelne Wallfahrer am Ende der Andacht gesegnet.

Für die hungrigen Wallfahrer hielten die Wirtshäuser in Thalkirchen nach Labung der Seele die nötig gewordene Labung des Leibes bereit. Beim „Alten Wirt" gegenüber der Kirche gab es während der Ablaßzeit täglich die berühmten Thalkirchner Bratwürste. Die bayerischen Ablaßwürste lagen geschmacklich zwischen Rostbratwurst und Schweinswürstl, waren etwa 15 cm lang und wurden in der Pfanne braun gebraten. Auch andere Schmankerl sowie Kaffee und Zwetschgenbavesen standen auf der Speisekarte. Mit Altmünchner Musik unterhalten, konnte das wallfahrende Volk den Nachmittag in Thalkirchen ausklingen lassen.

>Hat man durch Gebet und Reue
>seine Seel belebt aufs Neue –
>hier, da löscht man seine Dürste,
>ißt ein Dutzend Ablaßwürste.
>
>                                Volksmund

# Flößerwallfahrt

Frühjahr ist's – auf Isar und Loisach treiben wieder die Flöße das Wasser herunter. Achtzehn lange Fichtenholzstämme, die, stabilisiert mit Querstangen und zusammengehalten von Schnallen und Strempfln, eine schwimmende Floßtafel ergeben. Das „Floßmachen" ist eine eigene Kunst und wird von einer Generation zur nächsten weitergegeben. Vorne und hinten hat jedes Floß wenigstens je ein Ruder, das mit einem Wiedenring an der Rudersäule drehbar befestigt ist. Am Vorderruder, dem Hauptruder, steht der Ferg, sein scharfes Auge aufs Wasser gerichtet. Hinten bedient der „Styrer" das Steuerruder, wobei er sich nach dem Ferg vorne zu richten hat.

In den Ortschaften entlang des Flusses, an denen sie mit den Flößen vorbeigleiten, beginnt mit dem Entfalten der Natur die Zeit der Bittgänge und Prozessionen. Zünfte, Vereine, Vereinigungen, Männer, Frauen, Kinder sind unterwegs zu Wallfahrtszielen in der näheren Umgebung. Für gutes Gedeihen der Feldfrüchte, zur Vermeidung schwerer Unwetter, Verhütung von Überschwemmungen, aus frommer Tradition, wegen eines persönlichen Anliegens sind sie als Pilger mit dabei. Die Wallfahrtszüge wirken durch die Kreuz- und Fahnenträger sowie die in heimatlicher Tracht gekleideten Menschen feierlich. Auch Flößer sind darunter, die am hohen Stopselhut, dem kurzen blauen Janker und Kniehose mit breitem Bauchgürtel, der „Geldkatz", zu erkennen sind. Auffallend die blonden unter ihnen, welche meist aus der Krüner und Wallgauer Gegend stammten.

Seit 1531 war den Münchner Floßmeistern erlaubt, am Himmelfahrtstag für die Wallfahrer vom Heiligen Berg ein eigenes Floß zu stellen.

Aber auch selbst schlossen sich die Floßleute gerne den verschiedenen lokalen Wallfahrten an. Ihr Handwerk war so gefährlich, daß man nicht oft genug den Schutz der himmlischen Macht erbitten konnte. Gar zu häufig kam es zu tragischen Unglücks- oder Todesfällen. Mit den unberechenbaren Kräften der Natur war nicht zu spaßen: Sturm, Gewitter, Hochwasser bei der Floßfahrt konnten schnell gefährlich werden. „Matthias Goldhofer während der Fahrt vom Gewitter überrascht und vom Blitz erschlagen", vermelden die Annalen zum Beispiel.

Auch das dauernde Kiesgeschiebe im Flußbett der reißenden Isar brachte die Flößer immer wieder in Bedrängnis. Waren sie auf einer versteckten Kiesbank mit ihren zentnerschwer beladenen Holzschiffen aufgelaufen, mußten sie oft stundenlang im eiskalten Wasser stehen, um das Floß mit Hilfe des Tremmels zu heben und zu schieben, bis es endlich freikam und wieder weiterfahren konnte.

Die gefährlichste Wegstrecke auf der Isar aber lag zwischen Wallgau und Lenggries, vor allem die riffige Felsenge am „Sülfferstein" war bei den Flößern gefürchtet.

Aufpassen hieß es auch bei den vorzeitlichen Nagelfluhfelsen, dem Großen Heiner (später Georgenstein genannt) und dem Michaelistein unterhalb Baierbrunns, die mitten im Isarbett liegen. Eine gefährliche Strömung führte daran vorbei, und die Flößer mußten sich kräftig einstemmen und rudern, damit sie nicht ins falsche Fahrwasser abtrieben, was das Hängenbleiben am Felsen zur Folge hatte.

Viele Marterl entlang der Isar, die inzwischen verwittert sind, mahnten die Vorbeikommenden an die Gefahren des Flößerhandwerks. Meist war auf den Holztafeln das tragische Unglück bildlich dargestellt, und oft wurde der Wunsch geäußert, daß für den Verunglückten gebetet werden möchte.

Eine ohne Unglück verlaufende Floßfahrt war das Hauptanliegen, der Herzenswunsch aller Flößer. Die Isarwinkler hielten deshalb einmal im Jahr einen gemeinsamen Bittgang ab, ihre eigene Flößerwallfahrt. Der Tag dafür lag „meist um Johanni" und wurde untereinander abgesprochen, ganz so wie es der Brauch verlangte. Das Ziel ihrer Wallfahrt war St. Maria Thalkirchen mit dem Gnadenbild der Muttergottes, nahe der Floßlände.

Sie erschienen nicht im Sonntagsgewand wie zu den üblichen Wallfahrten, sondern in ihrer Arbeitskleidung, denn auch an diesem Tag wurde Holz auf dem Floß nach Thalkirchen mitgeführt. Erst nachdem Ladung und Floß gelagert waren, machten sie sich gemeinsam auf den Weg zur nahen Kirche. Mit ihrer Bitt-Wallfahrt hofften die frommen Flößer auf besonderen Schutz und Fürsprache der als „wundertätig" bekannten Muttergottes.

Nach dem Kirchenbesuch traten die Floßleute ihren Heimweg an. Bis zum Kriegsausbruch versuchten sie, die Flößerwallfahrt in dieser Form aufrechtzuhalten. Ein Buch über diese sensitive Angelegenheit führten sie nicht. „Allerdings könnte solches in den Kirchenbüchern der dortigen Pfarrei zu finden sein", wird von Nachkommen der alten Flößerfamilien eingeräumt, „vorausgesetzt, der Pfarrer oder die beauftragte Person haben sie äußerst ordentlich geführt." In St. Maria Thalkirchen kann dies nicht mehr nachgeprüft werden, weil die Kirchenbücher im Zweiten Weltkrieg verbrannt sind.

In den Nachkriegsjahren wurde der fromme Flößerbrauch wieder aufgenommen. Die heutigen Flößer verlegten den Bittgang von St. Maria Thalkirchen in die St. Ulrichskapelle im Mühltal.

Doch anläßlich der 600jährigen Jubiläumsfeier der Wallfahrt zur Muttergottes nach Thalkirchen haben es die traditionsbewußten Nachkommen der alteingesessenen Flößerfamilien Michael Angermeier, Franz und Sebastian Seitner sowie Josef Seitner ermöglicht, daß am 17. Juni 1990 ein geschmücktes Wallfahrtsfloß mit betenden Pilgern die Isar von Wolfratshausen nach Thalkirchen hinuntertreiben konnte.

# Zünftige Flößerei

## Zunftvorschriften

Seit dem 12. Jahrhundert begannen sich die Handwerker je nach Berufszugehörigkeit in Zünften zusammenzuschließen, zu Vereinigungen, welche die Interessen ihres Berufsstandes wahrten. Rasch entwickelten sich daraus „Pflichtvereinigungen" für jeden, der sein Handwerk ordentlich betreiben wollte. Die Zünfte besaßen das Monopol, und sie verwalteten sich weitgehend selbst. Strenge Satzungen über Preise und Leistungen ließen ein erfolgreiches Arbeitsleben außerhalb dieser Gemeinschaft bis ins 19. Jahrhundert kaum mehr zu.

In Zunftordnungen war niedergelegt, wie Arbeit und Leben zum Wohle dieses Standes zu gestalten seien. Der ehrbare Lebenswandel aller Mitglieder und religiöse Pflichterfüllung gehörten zur Zunftdisziplin.

Auch bei den Flößern wurde größter Wert auf „christliche Zucht und Sitte" gelegt. „Ein jeder Flösser soll sich des Fluchens und Gotteslästerns enthalten. Sofern solches nicht geschieht und sofern einer einen Gottesschwur tut, soll er 5 Pfennige in die Büchse einlegen", ist in den Zunftregeln der Wolfratshauser Flößer vom Jahre 1159 zu lesen. „Wenn aber einer vielfältig das Schwören begeht, so soll solches dem Herrn Bürgermeister und Rat angezeigt und er nach Gelegenheit von ihnen gestraft werden."

Doch auch Vorschriften über finanzielle Hilfen in Notlagen, Krankheit, im Alter oder Spielregeln für den Umgang in Geselligkeit sind aus den Zunftregeln zu entnehmen.

Dem gewählten Zunftvorstand wurde die Zunftlade anvertraut, in der Siegel, Urkunden, Zunftregeln, Rechnungsbücher und Amtsprivilegien aufbewahrt wurden. Als Einnahme der Zunftkasse konnten das Quatembergeld, Gebühren für Meisterrecht, Aufdinggelder bei Einstellung von Lehrlingen und Gesellen sowie die einzelnen „Strafgefälle" verzeichnet werden. Auf der Ausgabenseite standen Unterstützung von Bedürftigen der Zunft und Aufwendungen für kirchliche Zwecke.

„Unser täglich Brot gib uns heute" aus dem Vater-unser-Gebet galt als Maßstab für den Lebensstandard. Als standesgemäße Versorgung galt allgemein so viel, wie der Meister für die Familie brauchte, wozu auch Lehrling oder Geselle zählte. „Nur ganz ehrenhafte und unbescholtene Meister dürfen Flößerlehrlinge aufnehmen. Beim Aufdingen der Flößerlehrlinge müssen sich zwei ehrliche Männer für den Lehrling mit 10 Gulden verbürgen, daß nämlich er sich gegen seinen Meister alles schuldigen Gehorsams, mit treulicher Bewahrung seines untergebenen Handwerkszeugs und dergleichen erzeigen wolle."

Sobald ein Flößer ausgelernt hatte, sollte er möglichst bald vor die Laden kommen, um sich nach altem hergebrachten Handwerksbrauch „schleifen" zu lassen. Beim Schleifen wurde der Flößer auf einen Tisch gehoben und auf einen Schemel gesetzt. Anschließend zogen die Anwesenden einer nach dem anderen den Schemel unter dem Flößer weg. Der „Schleifpfaffe" packte den Flößer, seinen Schleifpaten, jedesmal am Haar und setzte ihn wieder auf den Schemel. Dann wurden ihm in gebundener Rede lange Unterweisungen über die Handwerksbräuche gegeben. Anschließend mußte er „Feuer" schreien und wurde hierauf mit kaltem Wasser begossen.

Wenn möglich heiratete der Geselle in eine Meisterfamilie ein. Doch sollte er nicht eher heiraten, bis er selbst ein Meister geworden war. Bei Hochzeiten vertrat eine Abordnung von Floßleuten die Zunft.

Der neue oder jüngste Meister mußte als „Zunftknecht" bei Todesfällen in der Zunft die nötige Ansage bei den Mitgliedern machen und beim Opfergang eine Kerze tragen.

Von März bis Dezember, solange es das Wasser zuließ, gingen die Isar- und Loisachflößer ihrer Arbeit nach. Vom Morgengrauen bis zur Dunkelheit trieben die Flöße flußabwärts. An Sonn- und Feiertagen war das Flößen verboten und der Floßmeister verpflichtet, seine Floßknechte fleißig zum Gottesdienst anzuhalten. Mußte aufgrund eines wichtigen Umstands ausnahmsweise ein Floß am Sonntag geführt werden, so hatten die beauftragten Flößer auf jeden Fall vorher den Gottesdienst zu besuchen.

Auch im entlegenen Vorderriß wurde jeden Sonntag in der Kapelle eine Messe für Flößer, Jäger, Holzknechte und die wenigen Einwohner gelesen, wozu der zelebrierende Franziskanerpater vorher einen zweistündigen Weg zurücklegen mußte.

Die Beteiligung der Zunftangehörigen an bestimmten Gottesdiensten, Festen und Feierlichkeiten war Pflicht. Vor allem an den festlichen Prozessionen wie an Antlaßtag (Fronleichnam) oder am großen Frauentag (15. August) hatten die Mitglieder geschlossen teilzunehmen. Im Festgewand gekleidet, trugen die Flößer ihre Zunftfahne und die Stangen mit den geschnitzten Schutzpatronen vor dem Allerheiligsten durch die Straßen. Der Wert der religiösen Requisiten entsprach im allgemeinen den finanziellen Einnahmen der Zunft.

Den Jahrtag der Zunft begingen die Floßleute im Winter, wenn die Floßfahrt ruhte und sie zu Hause Holz- und Heimarbeit betrieben. Er schloß sich dem Dreikönigsfest im Januar an und wurde mit einem heiligen Lobamt begonnen. Dabei gedachten die Flößer auch der verstorbenen Mitglieder des abgelaufenen Jahres. Nach der Meßfeier kamen in der anschließenden Versammlung im Zunftlokal verschiedene aktuelle Fragen zur Sprache. Die Protokolleintragungen der Schriftführer begannen „Mit Gott" und endeten meist mit frommen Worten wie dem „Monatstag nach Christi unseres lieben Herrn und Heiligmacher Geburth".

## Wenn sich Irrung und Zwiespalt zutrüge . . .

Kluge Vorschriften, die dazu dienten, Streitigkeiten innerhalb des Handwerkerstandes zu regeln und auch die gegenseitige Achtung zu wahren, fanden sich in den verschiedenen Zunftregeln wieder. Von Lebensnähe zeugen die Bestimmungen über das von der Zunft gewünschte Verhalten der Mitglieder bei geselligen Zusammenkünften.
In der Verleihungsurkunde des Zunftrechts aus dem Jahre 1159, die Graf Berthold III. den Wolfratshausener Flößern überreicht hatte, ist unter anderem festgelegt:
– Handwerksstreitigkeiten dürfen nicht durch einfaches Davonlaufen geschlichtet werden. Wenn sich Irrung und Zwiespalt zwischen Meistern und Flößern zutrüge, so soll ein jeder dem Bürgermeister und Rat geloben und schwören, daß er nicht von hinnen ziehen wolle, bis solcher gütlich oder rechtlich, hier und nicht an anderen Orten, ausgetragen und verglichen sei, bei Verhütung ernstlicher Strafe.
Bei Einberufung zu öffentlicher Laden oder Zusammenkunft sollen Meister und Flößer
– weder lange noch kurze Wehr tragen oder bei sich haben, bei Vermeidung 15 Pfennige Strafe in der Laden zahlen
– auch ohne Frag und Ursach nichts reden, sondern stillschweigen, bis die Umfrag an sie kommt
– alles Gotteslästern, Fluchen und Schwören meiden
– sich mit unbedecktem Haupt ehrbar zeigen und guter Bescheidenheit gebrauchen
– einander weder Lügen heißen, auf den Tisch schlagen, noch Handanlegen, bei Vermeidung der Ungnad.
Wenn ein Mitglied etwas vorzubringen oder zu klagen habe oder einer von den Händel anderer wüßte, der soll vor den Tisch treten, ihn anzuhören, mit Gunst um Erlaubnis bitten, alsdann mit Gunst wieder an seinen Ort gehen.

Wer das Stillschweigen nicht halten tut, oder dieses Verbot übertritt, der soll in der Handwerksstrafe stehen und mit 24 Pfennig bestraft werden.

Alles neidische Herabsetzen der Arbeit soll streng verpönt sein.

Auch anonyme Denunziation ist verpönt. Wenn einer ein unredliches Stück von einem anderen wüßte, und wollte dasselbe nicht öffentlich vor dem Handwerk anzeigen, sondern solches durch andere Leute oder durch Brief offenbaren, damit der andere nicht wisse, woher solches komme, derselbe soll, wenn er herauskommt, und seine Behauptung bezüglich des anderen nicht beweisen kann, als ein „heimlicher Ehrabschneider" für das Handwerk untauglich gehalten werden; der andere aber soll an seiner Arbeit ungehindert bleiben.

Wenn einer den anderen mit groben Stücken würde schmähen, als mit Dieberei oder dergleichen mehr, und er vermeint solches beweisen zu können, dann sollen sie vor den Bürgermeister und Rat gewiesen werden.

Item wer einen Hader anfängt auf der Herberge oder auf der Gasse, der soll einen halben Gulden in die Büchse geben.

Wer eine Wehr wider den andern „auszeucht", es sei Hacke, Messer oder Dolch, und den anderen damit verletzt, der soll straks vor das Gericht gewiesen werden.

Beim Trunk und Unterhaltung auf der Herberge soll es ruhig und friedlich hergehen. Da sich aber einer mit Wein überladen würde, also daß er sich unlustig und ungebührlich auf der Herberge halten würde, der soll mit dem Wasserbaden bestraft werden.

Wenn ihrer zwei oder mehrere miteinander kurzweilen und spielen wollten, es wäre mit Würfeln oder Karten, so sollen sie solches ohne alles Gezänk und Gotteslästerung aufrichtig und redlich tun. Wenn aber einer mit Betrug und Falschheit würde umgehen, also daß man es sähe und erkannte, daß er mit Betrug wäre umgegangen, der soll bei Vermeidung des Handwerks ein Fuder in das Armenhaus kaufen, abgesehen von der gerichtlichen Strafe.

Eine beliebte Herbergswirtschaft der Münchner Flößer war die am Thaltor, dem heutigen Isartor. Die noble Herberge mit Wein- und Bierschänke durfte als Qualitätszeichen ein kunstvoll gestaltetes Schild vor der Tür aufhängen. Ausgestattet mit Sondergenehmigung, konnte sich der Wirt seine Gäste selbst auswählen, während die anderen Herbergen verpflichtet waren, niemanden abzuweisen. Der Herbergsvater vom Thaltor nutzte sein Sonderrecht und ließ auch den berüchtigten Wanderarzt Theoprast von Hohenheim (1493–1541), genannt Paracelsus, nicht ein, um sich das Geschäft mit den Münchner Stadtärzten nicht zu verderben.

In den Schlafsälen der Thaltor-Herberge teilten jeweils zwei Schläfer ein Bett mit Strohsack und grobem Leinentuch. Man schlief generell nackt, trug dabei aber eine Schlafhaube auf dem Kopf. Zum Zudecken gab es hier schon Federbetten. Im

Gegensatz zu anderen Münchner Herbergen, die alle 3 Wochen die Bettwäsche wechselten, bekam der Gast alle drei Tage frische Wäsche.

Für feine Reisende standen Einzelzimmer mit holzvertäfelten Wänden und Decken, schachbrettgemusterten Mosaikböden, Butzenscheibenfenstern und Himmelbetten zur Verfügung. In der Nobel-Herberge waren bereits eigene Wandbrunnen installiert und die Gäste mußten nicht zum öffentlichen Stadtbrunnen laufen.

Zur Tradition des Hauses gehörte auch der Willkomm-Trunk, den der Wirt von seiner hübschesten Magd jedem Ankömmling kredenzen ließ. Das vorzügliche Essen gab niemals Grund zu Beanstandungen, und der Preis für die übliche Zwei-Gänge-Mahlzeit mit gekochtem Fleisch und Kraut (1. Gang) und Braten mit Gemüse (2. Gang) belief sich um das Jahr 1500 auf 18 Pfennige.

In dieser vornehmen Herberge waren auch die Münchner Flößer gerngesehene Gäste. Sie unterhielten einen eigenen Stammtisch, an dem es immer besonders fröhlich zuging. Nicht nur abenteuerliche Geschichten wurden dort von ihnen zum besten gegeben, sondern auch die damals üblichen Trinkwettkämpfe veranstaltet. Am beliebtesten war die Nagelprobe: Dabei wurden alle Trinkgefäße um die Wette bis auf den letzten Tropfen leergetrunken und dann umgestürzt, um zu prüfen, ob dieser allerletzte Rest auf den Daumennagel paßte. Beim Thaltor-Wirt gab es für den Wettkampf sogar eigene Sturzbecher aus Keramik in Männleinform, die man erst abstellen konnte, wenn sie leergetrunken waren. Der Ausdruck „sturzbesoffen" erinnert noch an diese Scherztrinkgefäße.

# Die Münchner Floßmeister

Schwer vorstellbar ist heute, daß die Floßmeister von München etwa seit 1300 bis in die Mitte des 15. Jahrhunderts als die Maßgebenden auf der Isar galten. Denn von einer Floßlände ist in der Landeshauptstadt nichts mehr zu sehen. Lediglich am südlichen Stadtrand kommen im Sommer die Vergnügungsfloßfahrten aus Wolfratshausen an der Zentrallände an.

Wer aber im Zentrum Münchens, an der Ludwigsbrücke am Deutschen Museum, den westlichen Brückenkopf näher betrachtet, wird eine große männliche Sitzfigur entdecken, die eine Ruderstange in den Händen der muskulösen Arme hält und zu dessen nackten Füßen ein dickes aufgerolltes Seil liegt. Symbolisch ist hier die „Floßfahrt" dargestellt, in einer Figur des Bildhauers Syrius Eberle, Professor an der

Akademie der Schönen Künste in München. In den Jahren 1891/92 wurde die Plastik gestaltet. Es ist kein Zufall, daß gerade an dieser Stelle der Isar auf die Floßfahrt Bezug genommen wird, denn Münchens wichtigster Floßhafen, die „Untere Lände", reichte mit Kohlen- und Kalkinsel sowie den Lagerplätzen etwa von der Reichenbachbrücke bis zum Prater-Ablaß: Ein riesiger Umschlagplatz für Waren, Kohle, Holz und Baumaterial.

Alle ankommenden Floßwaren mußten hier drei Tage zum Verkauf angeboten werden, denn München besaß das Stapelrecht. Für die Weinflöße gab es eine eigens ausgesteckte Lände, weil der Wein zum Verkauf noch auf den nahegelegenen Weinmarkt (am heutigen Marienplatz) gebracht werden mußte. Erst dort war es erlaubt, die edlen Tropfen zu kosten. 17 Münchner Floßmeister sind bereits im Jahre 1370 archivalisch nachgewiesen. Kurze Zeit später verzeichnete das Münchner Steuerbuch schon 24 davon. Ihre Flöße bauten sie sich selbst zusammen oder kauften sie. Aber auch vom Oberland brachten sie Fracht nach München. Ihnen allein stand das Monopol zu, Kaufmannsgüter ab München isarabwärts zu führen. Als einer der beliebtesten Exportartikel galt weiß-blau oder weiß-rot gewürfelte Leinwand, „Münchner Golschen". Wollten Floßmeister aus dem Oberland Frachtgut weiter als München führen, bedurften sie einer besonderen Genehmigung.

Mitte des 15. Jahrhunderts kam es zahlenmäßig zu einer Verschiebung unter den Isarflößern, was mit der enormen Baubereitschaft der Isar- und Donaustädte zusammenhing. Die mit Rohstoffen reich gesegneten Isarwinkler kamen dadurch mächtig ins Geschäft, allen voran die Tölzer. Um 1500 überboten sie zahlenmäßig sogar die Münchner Floßmeister, von denen es nur noch zwölf gab. Im Laufe des Dreißigjährigen Kriegs (1618–48) verringerte sich die Zahl nochmals auf sieben. Doch in den nachfolgenden Jahren stieg sie wieder auf zehn Floßmeister an.

Der Königliche Regierungsrat Hugo Marggraf erläuterte in seinem Aufsatz „Der Verkehr auf der Isar einst, jetzt und künftig", wer in der Wittelsbacher Hauptstadt München seit dem Jahre 1596 als Floßmeister akzeptiert wurde:

Jeder Flößer mußte vorher
– vier Jahre lang auf der Isar gefahren sein
– auch schon einige Fahrten nach Wien mitgemacht haben
– hierbei sowohl „für einen Fering als auch Steurer gebraucht worden sein".
– Neu angehende Floßmeister durften zwei Jahre lang keine Personen führen.

Der Frachtlohn war in München genau festgesetzt, er betrug für ein den Bürgern angehöriges Faß auf ledigem (einfachen) Floß 15 Pfennig, die Gäste/Fremden zahlten 18 Pfennig. Ging aus Verschulden eines Flößers ein Faß Wein oder anderes „Gut zugrunde", so waren demselben die Stadt und die Floßfahrt so lange verboten, bis er den geschädigten Eigentümer befriedigt hatte.

Bei Übertretung dieses Verbotes war er in eine Strafe von 10 Pfund Pfennigen an die Stadt und 1 Pfund Pfennigen an den Richter verfallen (1 Pfund = 240 Pfennige). Andernfalls wurde ihm die Hand abgeschlagen. Harte Strafen, durch welche die Floßmeister in die Pflicht genommen wurden.

Nach Einführung neuer Statuten im Jahre 1831 hatten die zehn Münchner Floßmeister Gewinn und Verlust aus dem Flößereibetrieb miteinander zu teilen. Sie bildeten durch den Besitz eines gemeinschaftlichen Versicherungsfonds eine Assekuranz, aus der die erlittenen Schäden solidarisch vergütet wurden.

Im Jahre 1862 wurde die Münchner Flößerinnung aufgelöst, was zur Folge hatte, daß das Gewerbe der Floßmeister nun freigegeben war. Jetzt bestand nur noch der freie „Verein der bürgerlichen Floßmeister zum hl. Johann Nepomuk" fort, der sich im gleichen Jahr eine neue Fahne weihen ließ. Seit 1717 gab es diese Vereinigung in München. Zum 200jährigen Bestehen fand ein festlicher Gottesdienst in St. Anna im Lehel statt.

Die bürgerlichen Floßmeister Xaver Heiß, Johann Heiß und Jos. Thadeus Heiß stifteten im Jahre 1857 eine Nepomuk-Figur aus Stein und widmeten sie ihrem Schutzpatron und Brückenheiligen. An der kleinen Praterwehrbrücke, unterhalb des Bayerischen Landtags, steht St. Johannes Nepomuk heute, die Hand segnend erhoben und den Blick isaraufwärts gerichtet, als ob er noch Flöße auf der Isar erwarte.

# Altes Floßmeistertum auf Isar und Loisach

Die seit dem 15. Jahrhundert ansteigende Warenflößerei bis hinunter in den Donauraum brachte vielen Isarorten, vor allem im Oberland, ein glückliches Gedeihen. Lebten die Bewohner früher in der Hauptsache von Land- und Forstwirtschaft, so ergaben sich durch die geregelte Transportflößerei nun neue Erwerbsquellen. Auch der Absatzmarkt für landwirtschaftliche Produkte sowie Erzeugnisse der Kalkbrenner, Holzhändler und Köhler vergrößerte sich dadurch gewaltig.

Lenggries an der Isar (greoz, griesz = Ufersand, Kiesgeschiebe) entwickelte sich zum wichtigen Flößerort in einer Landschaft, in der sich die bisher wilden Ufer erstmals lieblich weiten, die Berge zugänglicher werden und sich auch der Alpenfluß verträglicher zeigt. Hier übergaben die wagemutigen Mittenwalder Floßmeister nach gefährlicher Fahrt durchs Obere Isartal häufig den dort Ansässigen der Zunft die anvertrauten Kaufmannsgüter zum Weitertransport, während sie ihren Rückmarsch in die gebirgige Heimat antraten. Die Transportaufträge der Lenggrieser Floßmeister reichten bis zum Schwarzen Meer. Wenn man der Überlieferung glauben darf, haben es Lenggrieser Flößer sogar durchfahren. Auf ihre Fernflößerei sind sie seit jeher besonders stolz gewesen.

Wie in Mittenwald war auch im Isarwinkel die Anzahl der Floßmeister aus Konkurrenzgründen beschränkt und außerdem noch regional verschieden geregelt. So beherrschten in der Flößermetropole Tölz einige Jahrhundert lang 24 Floßmeister mit 80 Floßknechten das Gewerbe. Sie beförderten das beliebte Tölzer Bier, Käse, Fische, Knoblauch, Früchte, Stroh, Teppiche, Pergament, Draht, Sensen, Beuteltücher für Müller, „Cramerei, Puechtruckherei" und die hübschen bemalten Truhen und Himmelbetten nach München. Schon im Jahre 1517 erhielt Tölz das Monopol für die obere Isar.

Der Tölzer Floßmeister Nikolaus Greilinger brachte es um das Jahr 1790 gar zum herzoglichen Hoflieferanten. Er hatte die große Ehre, von Seiner Herzoglichen Durchlaucht Wilhelm von Birkenfeld in seiner „Behausung" besucht zu werden. Dieser „verweilte über eine halbe Stunde. Heil und Wohl den guten Fürsten, die sich nicht schämen, auch die Hütte des Landmanns zu besuchen!"

Doch welche Kaufmannsgüter führten die Floßmeister der Loisach flußabwärts? Auskunft über das vielfältige Frachtgut gibt der „Summarische Extrakt und beschreybung der Khauf-Handels und Schefleuth im Lands Bayrn" von anno 1501 bis 1599: Gebogenes Eibenholz, Papier, Pferdedecken, Käse, Schafwolle, Maultrommeln,

Leinwand, Barchent, gestrickte Hemden, Kreide, Schuhe, Kupferwasser, Schmalz, Schleifsteine, Wetzsteine, Hopfenstangen, Seegras, Fische (auch lebend). Auf der ruhigen, mit angenehmem Lauf dahinfließenden „Liubisa" konnte von Garmisch bis Wolfratshausen geflößt werden, wo sie in die schnellere Isar einmündet, und von ihr mitgerissen wird.

In der Wolfratshauser Chronik berichtet Quirin Beer, welche Voraussetzungen dort die Flößer erfüllen mußten, um als Floßmeister anerkannt zu sein. Floßmeister konnten werden
– wer die Flößerei vorschriftsmäßig erlernt
– in den Verein der Flößer förmlich aufgenommen ist
– die vorschriftsmäßige Gebühr an die Lade bezahlt hat
– die Ansässigkeit als Flößer dahier erworben hat
– die Flößerei als förmliches Gewerbe betreibt und die Gewerbesteuer hierfür bezahlt.

Nur mit dieser Befähigung war es erlaubt, die wertvollen Kaufmannsgüter zu befördern. Von den Floßmeistern sollte wiederum keiner mehr als fünf Flößer haben. Um 1800 gab es in Wolfratshausen sieben Floßmeister und 26 Flößer, „welche allesamt Hausbesitzer waren". Von den sieben Floßmeistern, heißt es in der Chronik, „betreibe nur Josef Ploner sein Gewerbe ordnungsgemäß. Drei von ihnen führen meist fremde Flöße", was nach altem Gewohnheitsrecht nicht richtig war, denn ein rechter Floßmeister hatte seine eigenen Flöße zu führen. Die anderen drei mußten ihr Geschäft fast ganz aufgeben.

Im Jahre 1904 wurden zum letztenmal Wolfratshauser Floßmeister gebraucht, um wichtiges Frachtgut auf dem Wasserweg nach Wien zu bringen. Es handelte sich um den Kupferdeckel einer Braupfanne mit 6 m Durchmesser. Viel zu groß geraten für den Bahntransport, lud der damit beauftragte Sebastian Geiger das in einem Stück von der Münchner Maschinenfabrik J. Göggl und Söhne hergestellte Riesenteil auf sein breites Floßschiff. Mit Hilfe seines Bruders Michael und den Floßmeistern Fischbacher und Sebastian Seitner konnte er rechtzeitig zur Spirituosen-Ausstellung in Wien anländen und die ungewöhnliche Last übergeben.

Eine Meisterleistung der Wolfratshauser Floßmeister: Der Transport des Kupferdeckels

## „Heiliger Georg, hilf!"

Nicht immer zeigte sich die Isar von ihrer besten Seite, doch die Floßmeister konnten mit ihren Leuten darauf nicht Rücksicht nehmen. Beinahe bei jedem Wetter stiegen sie aufs Floß, um ihre Arbeit zu erledigen.
Michaeli 1803 – ein naßkalter, grauer Frühherbsttag. Grünweiß zwängt sich die regengeschwollene Isar durch die Engstellen, zerrt gierig an den Uferwuhren und schießt geradeaus durch die breiten Windungen und Bögen, als hätt man in Tölz droben eine Triftklause aufgetan. Wo sonst Kiesbänk aufbuckeln, strudelt und wirbelt es, macht's Wasser gefährliche Tänz'. An der Uferleiten hängen dünne Nebelschwaden, und von den Schirmföhren in der Au tropft der Nieselregen ohne End.
Das Ordinarifloß von Tölz nach München kommt heute besonders zügig voran: wegen des hohen Wasserstands schießt es gerade so dahin. Wie jeden Montag ist es vollbesetzt: wer ging auch schon wegen dreißig Kreuzern zu Fuß nach München? Marktleute mit vollen Körben, ein Schleifsteinhändler mit seiner Kraxen, eine Handvoll Bauern, die aufs Gericht müssen, ein Färber mit zwei Mordstrümmer Lodenballen, einige übernächtige Studenten und der Knecht vom Kolberbräu mit sieben Faßl prima Tölzer Bier fürs Münchner Länd-Wirtshaus „Zum Grünen Baum".
Allesamt haben sich – so gut es geht – auf den Holzbänken eingerichtet. Sie ziehen die warme Lodenjoppen oder das Halstuch fest über der Schulter zusammen und sind froh, wenn ein End' hergeht. „Zu Dach", also in der Floßhütte und um den doppelten Fahrpreis, heizt sich der Ratsherr Höck mit einem tiefen Schluck Obstler aus seinem Zegerer ein und gibt das Flaschl an den Marktschreiber Krettner weiter. „Aaah . . . des duat guad!" Auf Passau fahren sie hinunter, eine neue Orgel anschauen. Der Tölzer Marktrat will es so. Im dunklen Winkel, gleich neben dem ledernen Postsack, hockt eine Klosterschwester und betet einen Rosenkranz nach dem anderen.
Am vorderen Ruderblatt steht breitspurig und wie angewurzelt der Floßmeister Georg Müller von Lenggries. Alle seine Muskeln, seine Sehnen sind zum Zerreißen gespannt. Seine Augen stechen nach vorn aufs Wasser. So unterhaltsam und lustig er sonst ist, heute spart er sich jedes Wörtl, denn hart und gefährlich ist heut' sein Geschäft.
Am Sterz hinten ist sein Knecht, der Anderl, ein flaxiger und verwegener Oberlandler. Er hat's Hütl ins Genick geschoben, stemmt seine ganze Bärenkraft gegen das Hinterruder und läßt alle Spassetteln, mit denen er sonst den Fahrgästen die Zeit vertreibt.
Da vorn die Schäftlarner Brücke oder besser gesagt, der übriggebliebene Rest. Seit dem Krieg vor sieben Jahr ist sie abgerissen, und nun geht es bei Hochwasser jedesmal an

dieser Stelle um Kopf und Kragen, denn die Pfeiler sind in der Flut kaum zu sehen, und man hat so kein rechtes Ziel mehr. Wie Messer schneiden die drei Joch-Ruinen den Fluß in vier Rinnen. Fußhoch pflügt es den Widergischt an die Scharbretter, die wie Keile die Wellen von den mächtigen Standpfosten ablenken. Schon ahnt man die rechte Fahrrinne – zielen so gut es geht! „Heiliger Nepomuk, früher bist auf da Bruck'n drob'n g'stand'n, huif!... Und durch sind sie mit dem Ordinarifloß. „Juchhui!" jodelt der Anderl von hinten und „Guad is' ganga!" lacht der Floßmeister vorne und schnauft erleichtert auf.

Drüben an der „Schußtenne" bei der ehemaligen Klosterländ steht wie eh und je ein Kutterer und winkt. Es ist der Pater Bernhard, der Prior, den sie als Seelsorger für die Schäftlarner im Haus des Klosterrichters belassen haben. Der Müller Schorsch legt sich mächtig ins Ruder und drückt das Floß so gut es geht gegen das Ufer. „Heit' ned!" schreit er, und schon schießt das Floß mit einem mordsmäßigen Rumpler über die Rutschbäum, daß sich die Fahrgäste bekreuzigen.

Unterhalb Mühlthal wird das Wasser immer reißender, man spürt schon von weitem die Isarschlucht. Hinein geht's wie in ein Kanonenrohr! Das Ufer fliegt vorbei, und die Fahrgäste krallen sich fest. Eisern stehen der Schorsch und der Anderl auf den Floßstämmen. Kein Muskel zuckt in ihren Gesichtern, gegen die jetzt ein Schlagregen mit aberhundert Nadeln sticht. „Da vorn, der Große Heuner!"

Sieben Meter schaut er aus dem Wasser, ein Nagelfluhbrocken, der vor Zeiten bei einem Bergsturz zuhöchst am steilen Ufer ausgebrochen und mitten in den Fluß gekugelt ist. Wie alle rechten Flößer hoffen sie für einen kurzen Augenblick auf ein glückliches Vorbeikommen, während die Hände das zerrende Ruder bewegen. Dann tauchen sie an, links vorbei. „Geht scho'!" Wie ein Brett liegt das Floß, so akkurat.

Da sieht der Müller Schorsch etwas Dunkles, das über das Wasser herausgreift: Ein ganzer Baum hat sich zwischen Ufergfraß und Stein verklemmt und langt mit seinem Wurzelwerk hinein bis in die Fahrrinne. Jetzt geht alles blitzschnell: die Wurzeln halten den rechten Außenstamm des Floßes fest, es will sich drehen! „Festhalten, um Gott'swuin festhalt'n!" schreit der Floßmeister den Fahrgästen zu. Er zieht das Ruder hoch, da kracht auch schon das Floß mit der rechten Spitze gegen den Fels. Die Stämme stauchen sich gegenseitig, die Sitzbänke kugeln um und damit auch die Leute. Die Floßhütte begräbt ihre Insassen unter sich.

„Um Gott's Christiwillen, festhalten!" schreit jetzt auch der Anderl. Hochauf springt der Bärenlackl und rammt sein Ruder in den Isarkies. Bremsen, bremsen muß er, daß das Floß nur ja jetzt nicht nach links dreht!

Das Floß steht jetzt einen Moment – bricht es auseinander? „Liawa, heiliger Georg, Namenspatron, huif!", so bittet der Floßmeister inständig, und dann stemmt er das

Ruder mit seiner ganzen Kraft seitlich gegen den Stein. „Loskemma, nach links ummadrucka muaß' is." Die Adern steigen ihm wie blaue Stricke aus dem Hals, er meint, der Kopf müßt ihm platzen. Er beißt sich die Lippen blutig. Zwei Mannsbilder gegen eine solche Naturgewalt, o mei! Und noch einmal bittet der Müller Schorsch: „Heiliger Georg, i' verlob' mi zu dir, huif ma nur no' des oanemoi!"
Da kracht und splittert es, daß alle meinen, das letzte Stünderl hat geschlagen. Aber der heilige Georg hilft auf seine Weise: Der äußerste rechte Stamm splittert der Länge nach vom Floß ab. Mit lautem Krachen reißen die Verbindungen, eine nach der anderen von vorn nach hinten. Der abgelöste Floßstamm hängt jetzt am Felsen und in den Wurzeln. Um einen Floßstamm weniger schabt und kratzt sich das frei gewordene Floß unter der Fluh vorbei, die bösartig überhängt, kriegt volle Fahrt – und ausgestanden ist der böse Spuk! Keine zwei Minuten hat es gedauert, und doch ist allen, wie wenn es eine Ewigkeit gewesen wäre.
Erst auf der Höhe von Grünwald finden sie die rechte Sprache wieder, laut und wie besoffen vor Freude die einen, staad und voll Dankbarkeit die anderen. Vorn aber steht der Müller Schorsch, wie wenn nix gewesen wär, und sticht mit den Augen nach vorn. Was er sich denkt, sagt er net! Wen geht es auch was an, wenn er seinem Namenspatron immer wieder Vergeltsgott sagt.
Hinten aber werkelt der Anderl mit doppelter Wut: sein Ruderblatt ist zersplittert zu tausend Fetzen, und zum Leiten bleibt ihm nur mehr die lange ruinierte Stange.
Angekommen an der Unteren Lände in München, sagt der Müller Schorsch: „Anderl, mach' du des heit'!" Er meint das Abfertigen der Fahrgäste und das Abladen der Fracht: „D'Stämm' kriagt's Hofkastenamt und de sechs Kalkfaßl a'!" Und dann geht er stadteinwärts: Seit er festen Boden unter den Füßen hat, ist er ganz „tramhappi" und spürt das erstemal in seinem Leben weiche Knie. Durchs Isartor geht er, das Tal hinauf, am Radlsteg vorbei und hinein in die Heiliggeistkirche.
Den Altar sieht er, die hellen Kerzen, und in der großen Ruhe wacht er plötzlich auf, wie aus einem bösen Traum. Hat er das wirklich alles erlebt? Der Floßmeister Georg Müller aus Lenggries kniet sich in einen Betstuhl und ist mit seinem Herrgott allein. Da heißt es immer, die Floßleute wären ungehobelte leichtsinnige Leut – so leicht täuscht man sich!
Wie der Müller Schorsch um fünf Uhr auf d'Nacht in die Wirtsstube vom „Grünen Baum" kommt, sitzt der Anderl mitten unter den Floßleuten und muß zum x-tenmal die G'schicht von heut mittag erzählen. Nachdem er schon ein paar Maß intus hat, ist ihm nicht zu verdenken, wenn die Isar immer breiter und der Große Heuner immer größer wird. Seinem Floßmeister paßt das gar nicht, er drängt zum Aufbruch.

Fahrpreise:
| | |
|---|---|
| München–Freising | 18 Kreuzer |
| München–Landshut | 30 Kreuzer |
| München–Dingolfing | 42 Kreuzer |
| München–Vilshofen | 1 Florin 17 Kreuzer |
| München–Passau | 1 Florin 30 Kreuzer |
| München–Wien | 3 Florin |

Auch die Tölzer Floßmeister hatten ab 1649 auf Anordnung des Kurfürsten ein Ordinari-Floß zu stellen, das fahrplanmäßig am Montag und Freitag um 7 Uhr gegen billige Taxe nach München fuhr. Gewöhnlich dauerte die Fahrt sechs bis acht Stunden. Zwischendurch wurde manch frohes Liedchen gesungen oder den Neulingen weisgemacht, daß sie vor München „die große Kette abbeißen" müßten, welche dort über die Isar gespannt sei.

Da jedoch die Floßmeister bei der Arbeit auf dem Wasser auch für die Schönheiten der Natur stets ein offenes Auge hatten, wird es wohl bei der Verführung von Passagierflößen dann und wann „zum Anbandeln" mit den reizenden, weiblichen Fahrgästen gekommen sein. Ob die Beherrscher der Isar, ähnlich wie die Seeleute, an jeder großen Floßlände ein kleines „G'schbusi" hatten, konnte nicht mehr in Erfahrung gebracht werden. Sicher aber ist, daß einige der Isarflößer weit drunten an der Donau eingeheiratet haben und daß umgekehrt so manches saubere Madl aus dem Niederbayerischen und den Donaustädten ihre neue Heimat im gebirgigen Oberland fand.

> Fahr ma obi am Wassa
> Häng ma's Ruaderl an Zam
> Gehn ma hinteri zum Diandal
> Sitz ma nieda auf Bam.

Aus „Die Isarflößerei, ein aussterbendes Gewerbe", 1921, von Expositus Noderer

# Das Floß als Handelsschiff und Transportmittel

## Verführung auf dem Wasser

Welch prickelnder Reiz geht doch von dieser Vorstellung aus. Die Floßmeister des Isar-Loisach-Gebietes besaßen sogar ein besonderes Recht dazu. Von Amts wegen war es ihnen erlaubt, beinahe alles auf ihren massiven Holzschiffen zu verführen, was sich an den Floßländen anbot. Ein fesches Weibsbild und ein stämmiger Flößer drängen sich unwillkürlich in unsere Phantasie. Doch haltgemacht, bevor es zu weit geht – denn unter Verführungsrecht war früher nur eine Transportbefugnis zu verstehen. „Nach dem Erkenntnis der königl. Regierung des Isarkreises und Bestättigung des königl. Rathes in München ist die Verführung von Güter um Lohn allerdings ein Vorrecht der Flossmeister . . . und sind daher befugt . . . die Ordinari auch sogenannten Wochen Flösse, dan Kaufmanns Güter, und Passagiere auf der Isar zu führen", stellte das Königliche Landgericht Weilheim im Jahre 1820 fest.

Die Münchner Floßmeister verführten schon seit 1581 Wochenflöße mit Fahrgästen nach Freising, Moosburg und Landshut. Seit dem Jahre 1643 waren sie sogar leibgedingsweise von Kurfürst Maximilian I. dazu verpflichtet worden, Passagiere mit dem Ordinari-Floß, das an der Unteren Lände in München abfuhr, bis nach Wien zu bringen. Leibgedingsweise bedeutete für die Floßmeister, daß sie das „ordinäre" Floß selbst führen mußten.

Abfahrtszeiten und Fahrpreise waren der angebrachten Fahrplantafel bei der Wirtschaft „Grüner Baum" sowie Kalendern, den Kursbüchern von damals, zu entnehmen:

Nach Wien jeden Montag
im Sommer um 1½ Uhr nachmittags
im Frühjahr oder Herbst um 12½ oder 1 Uhr mittag
im Winter (solange der Strom fahrbar ist) um 10 Uhr oder 11 Uhr vormittags

Isarwinkler Floß mit Personenbeförderung vor 1900

Vor dem „Grünen Baum" in der Schupf'n hat der Müller Schorsch was abgestellt, was er jetzt gar auf den Schultern wie ein Büßer heimschleppt bis nach Lenggries: eine Eisenblechplatte, anderthalb Meter lang und einen halben Meter breit. Jedesmal wenn der Anderl fragt, „zu was host denn de' kaft?", hört er das gleiche: „Des werst na' scho sehg'n!"

Daheim aber fährt der Schorsch mit dem Wagl zum Zwinck Christl nach Winkl hinter. Der ist von Beruf Papiermüller, aber im ganzen Gäu kennt man ihn nur als „Taferl-Maler". Einen heiligen Georg muß er auf die Platte zeichnen – untenhin den Großen Heuner und ein Floß, an dem akkurat der rechte Baum abspleißt.

Der Schmied von Wackersberg schneidet ihm die Figur aus, und feingemalt tritt das Bild nach dem großen Kirta' seine Reise an. In Lenggries hat der Müller Schorsch ein Floß mit lauter Brennholz zusammengestellt, und selbst der Anderl fragt jetzt nimmer unnütz, sondern ist mit von der Partie. Ein milder, ein goldener Herbsttag ist es diesmal, und die Isar ist brav und g'führi' wie noch einmal ein Wasserl. Licht und hell ist die Isarau und voller bunter Herbsttupfer.

Bei der Obermühl im Mühltal schieben sie das Floß ins Altwasser und lassen es im Gries aufsitzen. Der dortige Müller, der Kottmiller Sepp, besorgt ein Mehlwagerl, auf das sie das „Buidl" legen und mit Steinmeißel, Hammer und einem Sackerl Blei zum Forsterangerl hinunterfahren.

Vom Erta' (Dienstag), den 19. Oktober auf den Migga' (Mittwoch), den 20. Oktober 1803 steigen der Floßmeister und sein Knecht vom Land her auf den Großen Heuner und krallen sich an. Sie meißeln ein Loch ein, stellen den heiligen Georg hinein und verkeilen ihn fest mit Blei. Der Mond hat ihnen dabei geleuchtet und das Isarwasser unter ihnen eingefärbt wie Silber. Der Georg Müller hat immer wieder über die Kante hinuntergeschaut, wo er mit dem Floß festgegangen war. Dabei hat er den Kopf geschüttelt und ein- ums andermal vor sich hin gebrummt: „Wia war des nur mögli'."

Anno 1872 hat die Münchner Freiwillige Feuerwehr den heiligen Georg entdeckt und renoviert. Damals wird wohl auch der Name „Georgenstein" aufgekommen sein.

Die Geschichte, gekürzt wiedergegeben, bekam Georg Preller oft von seinem Vater erzählt, wenn sie durchs Isartal gestreift sind. Nach dem Krieg trat der junge Preller als Lehrer seinen Dienst in Dingharting an. Im Unterricht versuchte er die Mundart der Gegend zu bewahren und den volkstümlichen Liederschatz zu pflegen. Als leidenschaftlicher Heimatkundler forschte der Münchner, so oft es ihm möglich war, in der Geschichte von Dingharting und Umgebung, verbunden mit den dazugehörigen Familienchroniken. Noch voller Pläne, verstarb er im Jahre 1986 als Schulleiter von Straßlach.

# Für Floßknechte Holz und Kalk

Der höchste Stellenwert im Flößereigewerbe kam nicht dem Warentransport der wertvollen Kaufmannsgüter zu, welche nur durch Floßmeister befördert werden durften, sondern vielmehr den Transportaufträgen für Holz in jeder Form und für Baumaterial, das die bauwilligen Städte entlang der Isar und Donau benötigten. Diese robusten Waren durften auch die Floßknechte auf dem Wasserweg befördern. Kohlen, Kalk und „Holzscheid Waaren", auch Holz, welches sie bei öffentlicher Versteigerung in Stiftungs- oder Kommunalwaldungen an sich bringen konnten, gehörten dazu. Die Städte München, Freising, Landshut waren die Hauptabnehmer. Viel Geld konnte damals damit verdient werden.

Im Jahre 1130 sollen schon 1000 Landfuder Hornsteine auf der Isar nach München per Floß gebracht worden sein. Die ersten historisch bezeugten „Kalkfuhren" kamen 1327 von Tölz nach München. Um den Kalk vor Nässe zu schützen, wurde zum Transport ein gedecktes Floß mit Dach verwendet.

Baurechnungen existieren von Grünwald aus den Jahren 1486/87. Floßmann Hirsperger aus Tölz erhielt „an eritag vor dem Pfingsttag anno 86 umb 60 väßl kalch" den Preis bezahlt. Auf Margarethä gingen 4 Gulden für ebenfalls 60 Fässer Kalk an den anderen Tölzer Flößer, Heinrich Hausmann.

Auch der Baumeister der Münchner Frauenkirche, Jörg von Halspach genannt Ganghofer, ließ sich Kalk vom Oberen Isartal liefern, welcher wegen seiner Qualität einen guten Ruf hatte. In 20 Jahren (1468–88) entstand unter Ganghofers Leitung Münchens Wahrzeichen, der Liebfrauen-Dom (Länge 108 m, Breite 38 m, Höhe 31 m), mit seinen beiden Türmen von 99 m Höhe als eine der größten spätgotischen Hallenkirchen Süddeutschlands.

Gegen Ende des 18. Jahrhunderts kamen jährlich 800 bis 900 Kalkflöße in der kurfürstlichen Residenzstadt München an. 1803 lieferte Floßmann Wenig laut „Passaschierschein", ausgestellt zur Durchfahrt Münchens, für den Universitätsbau in Landshut 90 Muth Kalk und 3300 Bretter.

Kalksteine wurden im Isarbett gesammelt, und diese Arbeit besorgten zumeist die Frauen, die „Stoaklauberinnen". Sie schichteten die gesammelten Kalksteine zu einem Haufen am Ufer auf. Dort wurden die „Isarkugeln" auf Wägen umgeladen und zum Kalkofen gefahren. Über 79 Öfen gab es zwischen Mittenwald und München, worin die Steine zu reinem weißen Kalk gebrannt wurden. Als vielseitiges Baumaterial konnte er zum Anstrich, als Maurermörtel, Bodenbefestigung oder Farbstoff verwendet werden.

Als Übertreibung mag zunächst erscheinen, daß wohl alle Dachstühle auf den alten Gebäuden der Isarstädte einst als Flöße den Fluß herabgeschwommen sind; doch andererseits wird es wohl keine größere alte Stadt entlang der Isar geben, die nicht ihr Holz aus den Wäldern des Isarwinkels und Oberen Isartals bezogen hat. Niemals hätten sie ihre bauliche Schönheit voll entfalten können, wenn nicht die Flößer das nötige Baumaterial über den Wasserweg gebracht hätten.

Für die Schlösser in Menzing, Dachau und an die Veste (alte Residenz von München) lieferte der Floßmann Schäper aus Tölz im Jahre 1438 „ain Floß von 50 schuchen gen Mentzing, 6 Flöß, die ettlich bei 55 Schuh lang haben gehabt, zum turm und zum gang und stall im castenhaus". Selbst zu Brennzwecken für die Veste wurden den Flößern buchene und feuchtene Flöße abgekauft.

Auch die schon erwähnte Frauenkirche in München verschlang viel Holz aus den Wäldern des Oberlands; allein für den mächtigen Dachstuhl benötigte der beauftragte Zimmermeister Heinrich 147 Flöße (davon 49 Zimmer- und 43 Schnittholzflöße mit zusammen etwa 630 Festmeter Rundholz). Die aus einer Inschrift herrührenden oft genannten 1400 Flöße können nach heutigen Berechnungen nicht mehr standhalten. Die Zahl wurde außerdem erst 300 Jahre später dem Originalgemälde des porträtierten Zimmermeisters Heinrich von Straubing zugefügt.

Das von dem bedeutenden spätgotischen Maler Jan Polack stammende Porträt des Zimmermeisters Heinrich befindet sich nicht mehr wie ursprünglich in der Frauenkirche, aber eine Kopie ist im Diözesan-Museum Freising vorhanden.

Für den herrlichen Dom zu Freising lieferte Floßmann Balthasar von Huppenberg auf fünf Flößen die Eichenbäume „für den Grund des Gestühls". Eichenholz für das kunstvolle gotische Chorgestühl sägte die Valeis-Säge unterhalb von Tölz zu Läden.

Der Holzhandel mit den Isar- und Donaustädten bis hinunter nach Wien war inzwischen so rege, daß er die großen Waldbestände in Tölz in Gefahr brachte. Der bayerische Herzog Albrecht IV. „der Weise" sah sich deshalb im Jahre 1476 gezwungen, ein Landgebot zur Schonung der Junghölzer zu erlassen, um der „Holzkauderey" Einhalt zu gebieten. Für Herzog Sigismund flößten im Jahre 1492 nach Münchner Kostenrechnung drei Wolfratshauser Floßleute 5100 fichtene Zaunstecken nach Grünwald, die vermutlich für den Tierpark des Herzogs bestimmt waren. Er weilte gerne auf dem Jagdsitz und ließ unterhalb der Burg einen Wildpark anlegen. Im Garten hielt er sich ausländische Tiere und Vögel: „. . . im was wol mit schönen frauen, und mit weißen tauben, pfaben (Pfauen), swein (Meerschweinchen?) und vögeln und allen selczsamen tierlen . . .", wußte der Geschichtsschreiber Veit Arnpeck vom Herzog.

Die „Reichen Herzöge" aus der niederbayerischen Residenzstadt Landshut ließen sich ebenfalls Holz aus dem Isarwinkel für ihre prachtvollen Gebäude liefern. Laut

Hofkastenamtsrechnung kamen dort im Jahre 1493 unter anderem „112 riemlingspreter, ... 10 flöß ... 521 kalchfaß" an.

Das Anwachsen des Handels auf Isar und Loisach war derartig heftig, daß im Jahre 1696 sogar Mangel an Floßholz eintrat.

Als sich im Jahre 1746 die Forstprodukte stark verteuerten, verordnete Kurfürst Maximilian III. Joseph „der Vielgeliebte" eine Ausfuhrsperre für Holz aus Bayern.

Auch im 18. Jahrhundert bezog München immer noch das meiste Bauholz aus dem Isarwinkel durch die Tölzer Flößer. Allein im Jahre 1785 gingen von Tölz 4088 Floße mit 39 163 Baumstämmen ab, wovon jedes noch einige Sand- oder Kalksteine für das Pflaster der Hauptstadt mitbringen mußte.

Vom Wolfratshauser Wald, dem sogenannten Burgholz, kamen die Stämme für den Dachstuhl des Gärtnerplatz-Theaters nach München, das 1864 als „Münchener Aktien-Volkstheater" errichtet wurde.

Der geschäftige Umtrieb an der Unteren Lände zog viele Leute an, auch Seine Majestät König Ludwig I., den fleißigsten Bauherrn, den München je hatte. Er trug prächtig zum Gedeihen des Flößereigewerbes bei. In seiner Regierungszeit (1825–48) entstanden die beeindruckenden klassizistischen Bauten, z. B. am Königsplatz, welche München den Beinamen „Isar-Athen" eingebracht haben und die Stadt bis heute zieren. Mehrmals gesellte sich der König unter die Floßleute in deren Einkehr „beim Grean Baamwirt", wie sie die Gastwirtschaft „Zum Grünen Baum" selbst nannten. Wenn seine Majestät hier weilten, konnte sie sich wohl fühlen gemäß dem eigenen Wahlspruch: „Wir wollen Teutsche sein und Bayern bleiben."

> Hier geht es lustig zu,
> wer lechzt nach braunem Bier,
> der finde sich hier ein,
> da kann er sich erquicken.
>
> Von Tölz flüßt solches Oel
> nach dieser Lust-Revier.
> Sehr viele tut es oft
> gestärkt nach Hause schicken.
>
> unter dem Kupferstich von Franz Xaver Jungwirth, 1767
> „Die Lände am Grünen Baum"

# Triftholz für warme Stuben

Neben dem Holztransport auf dem Floß gab es die ältere einfache Beförderungsform der Holztrift, bei der lose Holzstämme, meist Buchen- oder Nadelholz, mit der Wasserströmung zum Verbrauchsort getrieben wurden. Der Geschichtsschreiber Lorenz Westenrieder berichtete im Jahre 1792 darüber:
„Die Bauern in den Gebirgen sägen in ihrer Heymath die Bäume, nach einem bestimmten Maaß ab, und werfen sie in die Isar, so sie dann bis nach München herabschwimmen. Zur Zeit, wo dieß geschieht, schließt man vermög starker Balken den sogenannten Abrechen, oder großen Wasserfall auf allen Seiten, und öffnet einen Seitenkanal, durch welchen dann das ankommende Holz, das man Triftholz nennt, bis nach dem Holzgarten geführt, und da niedergelegt wird."
Das Triftholz hatte meist eine Länge von etwa 2 m; die sogenannten „Tölzer Prügel" maßen 6 Schuh. Mit Brandzeichen war das Triftholz markiert. Auch Brennholz in großen Mengen nahm diesen Weg.
An der Unteren Lände in München befand sich südlich der heutigen Maximiliansbrücke ein Abrecher, der das Holz auffing. Von dort wurden die Scheiter durch den Triftkanal in den Hofholz- oder Triftholzgarten befördert. Er begrenzte den Hirschanger, später den Englischen Garten, bis gegen 1890 auf seinem Grund die Prinzregentenstraße entstand. Über dem Hofholzgarten erheben sich heute Wirtschaftsministerium und Bayerisches Nationalmuseum.
Getriftet wurde zunächst nur im Oberlauf der Isar bis nach München. Die erste Trift ordnete Herzog Wilhelm V. „der Fromme" im Jahre 1587 an, als er Brennholz aus den Kameralwäldern der oberen Isar für die herzogliche Hofhaltung und die Landesbehörden auf dem Wasserweg herbeischaffen ließ.
Sehr nachteilig wirkte sich das herunterschwimmende Holz auf die Brücken aus, welche dadurch häufig beschädigt wurden; oder das Triftholz verstopfte die Wehre. Auch am Ufer blieben die Scheiter oft hängen und mußten mit Haken und Stangen losgerissen werden. Es war eine gefährliche Arbeit, bei der man aufpassen mußte, nicht vom Baumstamm gequetscht oder zermalmt zu werden. Bei der Staatsholztrift nach München kam es oberhalb des Hauptrechens nächst der Flößereinkehr „Zum Grünen Baum" häufig zu einer „Stemmung" der Hölzer, so daß sie durch Zerschießen mittels schweren Geschützes beseitigt werden mußte. Als im Jahre 1813 bei gefährlichem Hochwasser die Ludwigsbrücke einstürzte, gab das tragische Ereignis den Anstoß, das Maß der Triftholzrundlinge herabzusetzen und um 1 m zu verkürzen.

Die berühmte Gastwirtschaft „Zum grünen Baum" an der Unteren Länge

Ab 1821 begann auch auf der Loisach das Triften nach München mit Holz aus den Waldungen des Werdenfelser Landes.
Flößerei und Trift erreichten auf Isar und Loisach Mitte des 19. Jahrhunderts ihre höchste Blüte. Alljährlich wurden auf diesen beiden Flüssen etwa 45 000 fm Stammholz und 100 000 Ster Brennholz verflößt und vertriftet. Um 1870 wurde die Holztrift aufgehoben. Die Länd- und Triftstraße im Lehel nahe der Isar erinnern noch an diese Zeit, als getriftetes Brennholz so manche Münchner Stube erwärmte. Seine Sehnsucht nach dem wärmenden Holz drückte der kurbayerische Hofpoet Matthias Etenhueber (1720–1782) auf ganz eigene Weise aus:

> Mit Tölzer Garnison
> – Acht Regimenter stark
> – Rechtschaffene Bergrekruten,
> Die Tölz anher geschickt auf raschen Isarfluten
> sind meiner Meinung nach die beste Garnison.

# Kein Platz für berauschte Personen, Weiber oder Knaben an den Münchner Länden

Um das geschäftige Treiben und Handeln mit Waren verschiedenster Art an den Floßländen in geordneten Bahnen zu halten, erließen Märkte und Städte schon früh entsprechende Vorschriften. Anländen, Ausladen, Ankauf, Verkauf, Lagern, der Transitverkehr – alles sollte nebeneinander reibungslos funktionieren. Die Münchner Länden erhielten im Jahre 1511 durch den Magistrat der Stadt eine feste Ordnung, die im Laufe der Jahrhunderte, je nach Bedarf, verändert und erneuert wurde. Die Floßleute hatten sich nach ihr zu richten oder mußten bei Nichtbeachtung mit Strafen rechnen. Nach der im Jahre 1864 neugefaßten Ländordnung waren für die Benutzung der Unteren Lände in der königlichen Haupt- und Residenzstadt unter anderem nachfolgende Bestimmungen zu beachten:

Die Lände durfte nicht für andere Zwecke, wie Baden, Schwemmen von Tieren, Ableeren oder Ausgießen von Unrat, benutzt werden.

An der Unteren Lände befand sich der Amtssitz der Länd-Inspektion. Für die Oberleitung des gesamten Ländwesens zeichnete der Länd-Inspektor verantwortlich, wozu die Handhabung der Ländordnung, Lagerung und „Magazinirung", Überwachung des Handels sowie Buch- und Cassaführung zählten. Wo die Flöße anzuländen hatten, legte ebenfalls der Inspektor fest. Den Flößern war es verboten, an anderen Plätzen ihr Schiff festzumachen (außer in Notfällen).

Ländhüter und -aufseher wirkten bei der Handhabung der Ländordnung mit, wiesen den Flößern die vorgeschriebenen Plätze zu, hatten das Anländen und Aufstellen der Waren zu überwachen sowie die Floßfahrt selbst zu beaufsichtigen. Mit eigener Person und durch ihre Knechte und Arbeiter waren sie verpflichtet, den Flößern beim Anländen die erforderliche Beihilfe zu leisten. „Die Beihülfe zu den Arbeiten im Wasser geschieht unentbehrlich." Vom Ufer aus warfen sie das Ländseil mit dem schweren Eisenhaken hinüber zum Ferg aufs Floß, der ihn auffing und an der Spange am Floß „einhackelte". Das andere Seilende wurde an der Ländsäule (Schrickpfahl) festgemacht, wodurch das Floß zum Stehen kam.

Richtungszeichen gaben an, wie die Lände mit den Flößen an- oder durchzufahren war. Alle Flöße hatten oberhalb der Steinernen Brücke (Ludwigsbrücke) anzuländen, wenn die weiß-blaue Fahne an der Reichenbachbrücke wehte.

Zur vorschriftsmäßig geforderten Ausstattung gehörte mindestens ein gutes hanfenes Seil. Außerdem mußte das Floß mit einer hinreichend des Fahrens wohl kundigen

Person bemannt sein. Wen der Magistrat keinesfalls als fahrkundig akzeptierte, war in § 6 Absatz 2 der Ländordnung festgehalten: „Es ist verboten, berauschte Personen, Weiber oder Knaben hiezu zu verwenden, und das Länd-Personal ist ermächtigt, dergleichen ungenügend ausgerüstete oder bemannte Flöße anzuhalten und an der Weiterfahrt zu verhindern." Dieses ausgesprochene Verbot hatte seine Berechtigung, denn immerhin kam ein Floß von 18 Stämmen schon ohne Ladung auf das beachtliche Gewicht von 18–20 t. Das Führen verlangte deshalb ein g'standenes Mannsbild mit Muskelkraft, damit weder Brücken oder Wasserbauten noch andere Flöße beschädigt wurden.

Um bei den vielen Flößen den Überblick nicht zu verlieren, war eine vom Lande aus leicht erkennbare, mit weißer Ölfarbe angestrichene Standarte verlangt, auf welcher Vor- und Zuname des Flößers von beiden Seiten mit großen deutlichen Buchstaben in schwarzer Ölfarbe zu stehen hatten. Daß solche Vorschriften nicht nur auf dem Papier ruhten, sondern deren Nichteinhaltung auch geahndet wurde, kann einer aufgesetzten Beschwerde sämtlicher Floßmeister auf der Isar und Loisach in den Amtsbezirken Werdenfels, Weilheim und Wolfratshausen, dann Tölz aus dem Jahre 1863 entnommen werden: „Die Bestrafung wegen Mangels einer Standarte auf den Flößen geschah bisher mit einer Rigorosität, welche jeden, selbst den triftigsten Entschuldigungsgrund, ausschloß, indem bei jedem vorgekommenen Falle ohne Rücksicht auf die Ursache des Fehlens der Standarte Strafe exekutiert wurde. Es wäre der Billigkeit angemessen, wenn darin ein Unterschied gemacht würde, ob die Standarte aus Vergeßlichkeit oder Nachläßigkeit fehlt, oder ob dieselbe wegen eines unterwegs erlittenen und erwiesenen Unglücksfalles ohne Verschulden der Flößer zu Verluste ging. Hiernach dürfte das Strafverfahren zu bemessen und einzurichten seyn, demnach die Strafen in jenen Fällen wegzufallen haben, wo ein Selbstverschulden erweislich nicht vorliegt."

An Sonn- und Feiertagen, nach Sonnenuntergang sowie überhaupt nach 6 Uhr abends durften Flöße nur dann geländet werden, wenn hierüber schon vor Eintritt dieser Zeit Anzeige erstattet war.

Grundsätzlich mußte jeder Floßmann nach Ankunft in der Unteren Lände seinen Namen, den des Floßeigentümers sowie Warengattung und Ladung in der Ländinspektion (Nähe Obermaierstraße) angeben. Danach galt es, sich um die nach der Reihenfolge der Ankunft treffende Nummer zu kümmern, welche mit roter Ölfarbe am Floß angebracht wurde. Vor Entfernung des Floßes aus dem Wasser durfte sie nicht abgenommen werden. Waren Floß und Ladung verkäuflich, konnte sie der Flößer sofort nach deren Ankunft auf die Lager- und Magazinplätze bringen lassen.

Alle verkäuflichen Flöße und Waren mußten im Geschäftslokal des Länd-Bediensteten mit der Nummer des Ländtagebuches und des Floßes, mit dem Namen des Eigentümers oder des Verkaufsbevollmächtigten und auf Verlangen dieser auch mit den Preisen, zu welchen sie abgegeben werden wollten, durch Anschlag an den „hiezn angebrachten Tafeln bekannt gemacht werden".

War ein Floß oder die gebrachte Ware oder auch nur ein Teil derselben verkauft, so hatte der Floßmann dies unter genauer Angabe des Käufers und des Kaufpreises sofort in der Ländinspektion anzuzeigen und durch Unterschrift zu bestätigen.

Verkäufliche Flöße durften nicht länger als 8 Tage im Wasser liegen bleiben. War die Frist abgelaufen, mußte der Eigentümer das Floß und die darauf geladene Ware aus dem Wasser schaffen und auf die vom Ländhüter oder Ländaufseher angewiesenen Lager- und Magazinplätze bringen.

Flöße und Waren, die auf Bestellung nach München kamen oder an der Unteren Lände erst gekauft wurden, mußte der Besteller oder Käufer innerhalb von drei Tagen aus dem Wasser schaffen und von der Lände gänzlich entfernen.

In Notfällen oder zur Triftzeit konnte der Länd-Inspektor die sofortige Entfernung der Flöße und Waren aus dem Wasser oder von den Länden anordnen. In solchem Falle hatten „die Eigentümer oder Käufer von Flößen der deßfallsigen Aufforderung unverweilt Folge zu leisten".

An den Ausladeplätzen, den sogenannten Ausmähnen, und an den zunächst an das Wasser anstoßenden Uferstreifen der Isar und Stadtkanäle durften weder Floßbäume noch Waren länger als 24 Stunden liegen bleiben. In den Ausmähnen wurden die mit schwerem Bauholz beladenen Flöße mittels eines Gespanns „ausgemähnt". Anders beladenen Flöße ländeten an den Uferwänden, wo die mitgeführte Ware mit Hilfe von Bretterstiegen ausgeladen wurden.

Bei Nichteinhalten der „Vorschriften über das Ausladen der Flöße und Waaren" wurden – unabbrüchig der verwirkten Strafe – Flöße und Waren auf Kosten der Beteiligten von Amts wegen auf die Lager- und Magazinplätze geschafft. Werk- und Bauholz durfte nicht länger als drei Monate, Brennholz und sonstige Ware nicht länger als sechs Wochen „behufs des Verkaufs" auf den Lager- und Magazinplätzen belassen werden.

Für Holz und Waren jeder Art, welche von den Lager- und Magazinplätzen hinweg verkauft wurden, bestand die Auflage, sie innerhalb von drei Tagen, vom Kaufsabschluß gerechnet, von dort zu entfernen. Wer die Bestimmungen über „Räumung der Lager- und Magazins-Plätze" nicht befolgte, mußte mit der Versteigerung von Floß und Ware rechnen. Die erlösten Beträge wurden nach Abzug der Gebühren und Kosten dem Eigentümer dann zugestellt. Die öffentliche Bekanntgabe des Versteigerungstermins geschah mittels Anschlag am Geschäftslokal der Länd-Inspektion und „mittelst Einrückung in ein gelesenen Lokalblatt" acht Tage vorher.

# Die bürgerlichen Herren Länd- und Holzmeister

Da es in der Haupt- und Residenzstadt München seit alter Zeit der löbliche und schöne Brauch war, daß alle Zünfte „zu Ehren der Geburt unseres Herrn und Heilandes Jesu Christi" ein Neujahr-Amt halten ließen, haben auch die Länd- und Holzmeister im Jahre 1717 unter sich ein Verbündnis errichtet, das nachfolgende Bestimmungen enthielt:

1.

Da Gott durch die Verehrung seiner Heiligen eine besondere Ehre zugeht, so will die Verbündniß bezwecken

„Gott wolle durch Fürbitte des heiligen Johannes von Nepomuk, als der Verbündniß absonderlichen Beschützer, alles Unglück, welches sich auf der Länd beim Wasser ereignen könne, abwenden, allen Mitgliedern der Verbündniß eine selige Sterbstunde verleihen";

und wird sonach jederzeit in der Oktav dieses Heiligen am Sonntag nach der Predigt in der Kirche zu den PP. Franziskanern in der St. Anna-Vorstadt eine heilige Messe gelesen.

2.

In der Oktav des neuen Jahres wird in obiger Kirche früh 8 Uhr für die aus dem Verbündniß verstorbenen Mitglieder eine Seelen-Messe gelesen nach selber die Verstorbenen abgelesen, und darauf um halb 9 Uhr ein solennes Lob- und Dank-Amt nebst 4 heiligen Messen zu Ehren der Geburt unseres Herrn und Heilandes Jesu Christi gehalten.

3.

Desgleichen wird am Sonntag in der Oktav des heiligen Sebastiani nach der Predigt in obiger Kirche um Abwendung aller schweren Krankheiten durch Fürbitte dieses Heiligen eine heilige Messe gelesen.

4.

Alle ersten Quatember-Sonntage nach der Predigt wird in obiger Kirche für alle aus dem Verbündniß verstorbenen Mitglieder eine heilige Messe gelesen.

5.

Wann nach Gottes Anordnung ein Mitglied aus der Verbündniß stirbt, so werden für selbes am nächsten Sonntage in obiger Kirche zwei heilige Messen gelesen.
Alles zu unserem Heile und größeren Ehre Gottes.

# Gebühren für „Neumodefuhrwerke"

Zur Kostendeckung für Instandhaltung der Länden und Beaufsichtigungspersonal war die Benutzung der Münchner Länden mit Gebühren verbunden. Abgestuft nach Floßgröße und Typus, legte die Länd-Ordnung vom 19. Juli 1864 folgende Sätze fest:

Ländgebühren von einem sogenannten 40er Floß                                                12 kr
(benannt nach seiner Länge in Schuh, was einer Gesamtlänge von bis zu
12 m entsprach)
Ländgebühren von einem sogenannten 50er oder 60er Floß                           24 kr
(Gesamtlänge bis zu 15 m oder 18 m)
Ländgebühren von einem 70er Floß (Gesamtlänge bis zu 21 m)                      36 kr

Falls Ware vom Floß abgeladen wurde, entstand eine zusätzliche Hänggebühr. Sie betrug die halbe Höhe der Ländgebühr. Für die Bezahlung haftete der Eigentümer des Floßes. Die Gebühren waren in der Ländinspektion zu bezahlen. Vor Entrichtung dieser durften weder Ware noch Floß von der Lände entfernt werden.
Auch die Waldschragen-Flöße oder „Neumodefuhrwerke", wie sie die alten Flößer bezeichneten, kosteten 36 kr Ländgebühren. Diese Floßart wurde nur zum Transport von Brettern verwendet und bestand aus 2 bis 3 Längsstämmen und einigen Querstangen, auf welchen die Bretter dachziegelartig auflagen.
Für das „Gestrickt", worunter mindestens zwei zusammengebundene Flöße zu verstehen waren, betrug die Ländgebühr ebenfalls 36 kr. Mit zunehmender Flußbreite verlängerten sich auch die Gestrickten. Ab Eintritt der Isar ins Niederbayerische waren hintereinandergebundene Flöße sogar bis zu einer Länge von etwa 38 m erlaubt.
Auf dem breiten Donaustrom, in Deggendorf, stellten sich die Isar- und Loisachflößer ein gestricktes „Wienfloß" zusammen, worauf auch lebende Ware wie Rinder, Kälber, Geflügel, Schweine verführt wurden und welches ein beträchtliches Gewicht erreichen konnte.
Die schwer zu lenkenden gestrickten Flöße bedeuteten nicht nur eine Gefahr auf der Wasserstraße, sondern sie verursachten auch „importanteste" Beschädigungen an den Brücken. Kurfürst Carl Theodor beschwerte sich deshalb im Jahre 1786 beim Münchner Rat und ließ wissen, daß seine kurfürstlichen Mautstellen angewiesen sind, die inzwischen verbotenen Gestrickten anzuhalten und mit 10 Gulden zu bestrafen.
Sieben Jahre später war durch Verfügung der Regierung das Floßstricken auf der Isar wieder erlaubt, jedoch erst weit unten im Mündungsgebiet, ab der Brücke hinter

Plattling. Mit dem Jahre 1849 begann auch in München wieder „das Gestricke", das jedoch nicht breiter als 22 Schuh sein durfte, und die Ruder waren dementsprechend zu vermehren. Personen darauf zu verführen war verboten.

Wer seine Waren, Güter oder Gegenstände auf den Magazinplätzen der Unteren Lände lagerte, hatte als Gebühr für jede Woche „1 Pfennig vom Gulden des erlösten Kaufschilling" zu entrichten. Beim Kaufschilling handelte es sich nicht um eine geprägte Münze, sondern er wurde als Recheneinheit verwendet. Bestand gegen die Richtigkeit der Angabe des Kaufschillings ein Bedenken, so trat bei der Berechnung an seine Stelle der Wert der Gegenstände. Die Feststellung des Werts geschah durch die Länd-Inspektion, bei Beanstandung unter Zuziehung zweier Sachverständiger.

Für die Bezahlung der Lager- und Magazingebühren haftete der Eigentümer der eingelagerten Gegenstände. Die Beitreibung der Gebühren erfolgte eintretenden Falles zwangsweise nach dem Strafgesetzbuch in Bayern.

Wurden für irgendwelche Arbeiten an der Unteren Lände Arbeitskräfte benötigt, konnten sich die Floßleute zugelassene Taglöhner, welche im Besitz einer Legitimationskarte waren, anheuern. „Die Verwendung anderweitiger Individuen zu den Arbeiten auf der Lände ist verboten", hieß es in § 33 der Länd-Ordnung.

Welchen Betrag die Floßleute den Arbeitern bezahlen wollten, war dem freien Übereinkommen der Beteiligten überlassen, doch durften die festgesetzten Maximal-Löhne nicht überboten werden. Sie betrugen

| | | |
|---|---|---|
| für das Ausladen bei Brennholz | 9 kr (Kreuzer) | per Klafter |
| bei 3- und 4zölligen Läden | 2 dl. (Pfennig) | per Stück |
| bei Riemlingen | 3 hl. (Heller) | per Stück |
| bei Falsbrettern | 1 dl. | per Stück |
| bei Tafelbrettern, gemeinen und sog. 16schuhigen Brettern | 1 hl. | per Stück |
| bei großen Gipsfässern | 2 dl. | per Stück |
| bei kleinen Gipsfässern | 1 dl. | per Stück |

Mußte das Brennholz ausgetragen werden, durfte das Doppelte von den Ansätzen, bei den übrigen Gegenständen die Hälfte zugeschlagen werden.

Für eine ordentliche Brotzeit zahlten die Taglöhner damals für 1 Maß Sommerbier etwa 7 kr, eine Semmel 1 kr, Schinken, Mortadella oder Salami 1 Gulden (= 60 kr).

Fest vorgeschriebene Tarifsätze galten an den Länden für das Bemessen und Austragen von ankommender Holzkohle und Kalk, wozu 3 Arbeiter die Erlaubnis hatten. Die „hiezu erforderlichen geaichten Gemäße" stellte die Stadt, und nur diese durften benutzt werden.

Per Sack Kohle erhielt der Arbeiter für Messen und Austragen 3 kr vom Verkäufer und 4 kr vom Käufer. Im Jahre 1879 kamen an der Kohleninsel (heute Deutsches Museum) noch 30 608 Zentner Holzkohle als wichtiger Brennstoff in München an.

Beim Verkauf von Kalk waren an den Arbeiter 15 kr per Muth zu bezahlen, vom Käufer 18 kr. Das alte Kalk- und Getreidemaß hatte in München per Muth gleich 4 Schäffel oder Metzen (der Metzen etwa zu 27 Liter gerechnet). Ein Floß transportierte 4 bis 5 Muth Kalk. An der Unteren Lände wurde von jedem Kalkfloß ein Faß auf den Inhalt überprüft und nach dem Ergebnis die ganze Ladung taxiert. Im Jahre 1874 kamen 90 502 Muth Kalk dort an.

Die Arbeiter, die mit dem Bemessen der Kohle und des Kalks betraut waren, durften weder für sich oder jemand anderen Ware oder Flöße kaufen oder verkaufen, auch sonst keinen Zwischenhandel damit betreiben. Übertretungen hatten nachteilige Folgen, die zur Zurückweisung von der Lände und zu „nebstdem disciplinärer Ahndung" führen konnten.

Auch für die beiden anderen Münchner Länden, die Obere am Westermühlbach und die bei Thalkirchen, welche 1864 erstmals offiziell in die Münchner Länd-Ordnung aufgenommen wurden, galten die meisten dieser Vorschriften analog.

Eine Information in Sachen Beschwerde vom 5. Juli 1863 aus dem Archiv der Flößerinnung Wolfratshausen läßt allerdings erkennen, daß es trotz straffer Organisation an den Länden zwischendurch zu Ärgernissen kam:

„Zur Zeit des früheren Ländmeisters wurde gegen die von demselben gehaltenen Ländknechte, die geschäftskundig waren und die Floßleute anständig behandelten, keine Klage laut; seit neuerer Zeit werden aber als Ländknechte ganz gewöhnliche und unerfahrene Taglöhner verwendet, die mit ihrer Unkenntniß noch Brutalität und Grobheit verbinden, was schon zu mancherlei unangenehmen Auftritten zwischen diesen und den Floßmeistern sowie ihren Knechten Veranlassung gegeben hat. Schließlich glauben die Floßmeister schon aus dieser Hinsicht Abhilfe ihrer gerechten Beschwerden zu verdienen, da die Floßfahrt nicht nur den Staat, sondern auch der Stadt-Comune München eine reiche Einnahmsquelle bilden und die Flößerei mit immer mehr neuen Auflagen und Abgaben belastet wird, von welchen man früher nichts gewußt hat."

# Streithansl'n

Obwohl die Flößer versuchten, nach den Gesetzen der Zunft und den Geboten der Kirche zu leben, waren deshalb sie noch lange keine „Heiligen". Auch bei ihnen kam es gelegentlich zu Zwietracht untereinander, besonders dann, wenn sie nach der Floßarbeit noch im Wirtshaus beisammenhockten. Jeder hatte von sich eine große Meinung und war durch seine Tätigkeit im täglichen Kampf mit den Kräften der Natur dementsprechend gestärkt. Deutlich sprachen sie daher aus, was ihnen nicht paßte, und dann konnte es unter den Floßleuten laut hergehen.

Es mußte nicht gleich zum handfesten Streit kommen. Nein, es gab verschiedene Möglichkeiten, den anderen aus der Reserve zu locken und seiner Gemütsruhe ein bißchen auf den „Zahn" zu fühlen. Oft fing alles ganz harmlos mit einem gegenseitigen „Derblecken" an. Wenn beispielsweise die Isarflößer von der langsamer fließenden Loisach als „Mooslacha" sprachen, durften sie der Aufmerksamkeit der Loisachflößer sicher sein. Gingen sie noch weiter und bezeichneten die dortigen Flößer als „Loisach-Batscher", dann kam Stimmung auf, das konnte nicht unwidersprochen hingenommen werden.

Gleich wieder einig waren sich Isar- und Loisachflößer, wenn es um die gemeinsame Ehre des Floßhandwerks ging. Und die Oberlandler Flößer wußten untereinander genau, daß sie das Flößern besser konnten als die Unterlandler, wo doch ab München die Isar nur noch ein träger Fluß ohne großes Abenteuer war. Im Kreise der Oberlandler Flößer galt wiederum der etwas, welcher als Ferg ein Floß wenigstens nach Thalkirchen heruntergeführt hat. Doch den größten Respekt zollten alle den Kameraden ihrer Zunft, die das gefährliche Obere Isartal und die Faller Klamm (heute Sylvensteinspeicher) mit Floß und Ladung durchfahren oder als Fernflößer auf der Donau die gefährliche Strecke bei Grein passiert hatten.

Schnell hatte man auch seinen Spitznamen weg, der einen das ganze Leben lang verfolgte, wie beim „Galopp-Stutzl". Er bekam ihn verpaßt, weil er meist zu spät aufstand und dann im Laufschritt zur Arbeit rennen mußte, wobei er sich noch nebenbei die Hose zumachte. Auch beim Floßbauen bevorzugte er das flotte Tempo: Hin zur Ganter / Baam runterkugeln lassen ins Wasser / zurück zur Ganter . . . Das lustige G'schichterl stammt vom verstorbenen Sebastian Seitner, der es gern seinen Kindern erzählte, wie auch die Geschichte vom Großvater Sebastian, der noch bis Wien gefahren ist und als einer der ersten Flößer ein Fahrradl für die Rückfahrt nach Wolfratshausen mitgenommen hatte.

Oder von der Unart der Flößer, sich gegenseitig das Werkzeug wegzunehmen, wenn gerade das eigene nicht griffbereit war. Da kam es dann vor, daß man auf seinem persönlichen Besitz plötzlich lesen mußte: Das darf nicht gestohlen werden! Es gehört dem X . . .!

Auch von derberen Späßen wußte er zu erzählen, mit denen sich die Floßleute gegenseitig ärgerten. Da gab es doch tatsächlich Burschen unter ihnen, die sich in seichtes Wasser knieten, um den anderen Flößern Wassertiefe vorzutäuschen. War dann ein Floß in Sicht, winkten sie es in ihre Richtung heran, bis der Ferg zu spät die Falle bemerkte und unweigerlich im seichten Wasser auflief. Es brauchte einen gesunden Humor, um darüber noch lachen zu können!

Daß die Flößerlehrlinge während der Arbeit am Floß bisweilen ganz versehentlich ein Stoß traf und sie ins Wasser fielen, ist dagegen als harmloser Streich zu betrachten. So konnten sie gleich das Schwimmen erlernen.

Was aber mag die alten Wolfratshauser Flößer dazu getrieben haben, ihre Zunftgenossen in Tölz als „Tölzer Prügel" zu bezeichnen? An eine Schmeichelei dachten sie gewiß nicht, denn ein richtiger Tölzer Prügel war ein etwa 1,80 m langer grober Holzprügel, der im Wasser getriftet wurde.

Die um Einfälle nicht verlegenen Tölzer Flößer titulierten ihrerseits die Loisacher als „Besenbinder", womit solche Flößer gemeint sind, die von sich glauben, sie wären recht gescheit und die in Wirklichkeit doch nichts von der Sache verstehen. Aber eigentlich handelte es sich immer nur um „liebevolle Kosenamen", wie ein alter, noch lebender Flößer aus Wegscheid meint. Denn in diesem harten Gewerbe war ein jeder auf den anderen angewiesen.

Einen von den Tölzern verpaßten Kosenamen tragen die Wolfratshauser heute noch: „Wolfratshauser Krautlöffel". Weil die Loisacher früher im Herbst massenweise Krautköpfe mit den Flößen von Wolfratshausen nach München geführt haben, begannen die Tölzer, sich darüber lustig zu machen. Sie „derbleckten" die Wolfratshauser Krautfresser damit, daß diese angeblich das Sauerkraut mit dem Löffel statt mit der Gabel „fressen". Die Geschichte trieben die Tölzer weiter auf die Spitze und ließen den Wolfratshausern als Geschenk einen riesigen über einen Meter langen Holzlöffel anfertigen. Doch die Loisach-Flößer verstanden Spaß und zeigten Größe. Bis jetzt haben sie das hintergründige Geschenk aus dem Jahre 1779 aufbewahrt. Er hängt heute in einem Zimmer des Heimatmuseums. Einmal im Jahr verläßt der übergroße Krautlöffel seinen Platz, weil ihn der Bürgermeister benutzen will. Allerdings nicht, um damit sein Sauerkraut zu essen, sondern um beim närrischen Umzug am Faschingsdienstag „Guatln" zu verteilen.

Es war allseits bekannt, daß die Flößer deftige Streiche liebten, und so ist es nicht verwunderlich, daß die Leute vom Flößer-Festtagsbraten schwadronierten, nach dessen Verzehr immer irgendwo eine Katze abging. Doch so schlecht wird es ihnen mit den Floßgeschäften nicht ergangen sein, bei denen sich auch die Floßknechte auf ihre Art den Lebensunterhalt ein bißchen aufbessern konnten. Ohne Wissen des Floßmeisters „wanderten" Schnupftabak, gute bayerische Zigarren und andere Schmuggelware die Isar und Donau hinunter. Begehrte Tauschobjekte waren Wein, Feigenkaffee und Pferdedecken. Nur erwischen lassen durften sie sich nicht, und das Verstecken der Schmuggelware erforderte viel Phantasie.

Der als 94jähriger verstorbene Sebastian Goldhofer, der im Jahre 1865 seine erste Fahrt nach Wien mitmachte, plauderte eines der Geheimnisse aus: „Manche Kontrolleure wollten es ganz genau nehmen. Ich steckte einmal mehrere Zigarrenkistchen unter das Landungsbrett. Auf dem Brett stehend kontrollierte der Beamte, aber zu meiner Freude sah er nicht unter das Brett. Die Zigarren gehörten für das Hotel . . . in Wien. Ich gab sie ohne ein Wort zu sagen dem Portier. Dann ging ich ins Hotel, wo mich Herr (. . .) fragte: Wie geht's? Ich antwortete: ‚Gut.' Das war das ausgemachte Stichwort für die bestellte geschmuggelte Ware. Schweigend öffnete er seine Brieftasche und legte mir ein paar Banknoten hin – für mich ein schöner Nebenverdienst."

Bei externen Konflikten aber konnten die Flößer ungemütlich werden, vor allem wenn es um das für sie existentielle Isarwasser ging, das auch von Mühlen und Sägewerken wirtschaftlich genutzt werden durfte.

Auch in bezug auf die Sicherheit der Isar als Wasserstraße verstanden sie keinen Spaß. Ihre fahrbare Wasserrinne auf dem Fluß, die bei jedem Hochwasser wegen mitgeschleppten Gerölls und Steinen aus dem Karwendel neu gefunden werden mußte, durfte nicht zusätzlich durch Kiesbettverschiebungen bei Schleusen- und Wehrbauten gefährdet werden.

Wenig Verständnis zeigten die Wolfratshauser Floßmeister dafür, daß ihnen Loisachfischer für mehrere Tage im Jahr das Floßwasser wegnahmen, um die „Nasenfischerei" betreiben zu können. Denn jedesmal mußte dazu der Floßkanal trockengelegt werden, um nach altem Brauch die Fische mit der Hand fangen zu können.

Ernst war es den Flößern immer, wenn es um arbeitsrechtliche Vorschriften ging. Im Jahre 1843 beschwerten sich zwei Flößer von Wolfratshausen beim Landgericht, daß, obwohl hier verheiratete Floßknechte in Mengen seien, seit längerer Zeit schon fremde, ledige Floßknechte aus Tölz und Lenggries ohne Arbeitspapiere hier herumsäßen und den hiesigen Flößern das Brot wegnähmen. Darauf verfügte das Landgericht die Ausweisung dieser „Individuen".

Die Lenggrieser Buabna,
Die Wackersberga,
Die raaffa, wann's sei' muß,
Mi'n Teifi schon aa'.

Schnaderhüpfl (Spottvers)
Franz von Kobell (1803–82)
Universitätsprofesser und Schriftsteller in München

Lenggries - Flößerei

# Zu einem Bach herabgewürdigt

Auf dem Wege Münchens zur bedeutenden Großstadt war es der Isar nicht mehr erlaubt, sich so zu geben, wie sie ursprünglich war: wild und unbeherrscht. Die vielen Überschwemmungen in den tiefer gelegenen Stadtvierteln wie Lehel oder Tal und das Mitreißen von Brücken bei Hochwasser mußten nun ein Ende haben. Die schrecklichen Vorkommnisse sollte in Zukunft ein festgebautes Flußbett verhindern. Bereits im Jahre 1815 wurde mit dem Bau des Prater-Wehres begonnen, das der Regulierung des Abflusses von Isarwasser diente. Weitere Wehr- und Hochwasserschutzbauten sowie Ufermauern entstanden Zug um Zug.
Das gesamte Programm der sogenannten Isarkorrektion verfolgten die Floßmeister mit größter Wachsamkeit. Es war ihnen als berechtigte Nutznießer nicht ganz wohl bei der Sache. Durch die willkürliche Regulierung des ungestümen Flusses mit Steinbauten fürchteten sie um Floß, Ladung und bei schlechten Voraussetzungen auch um Leben. Bei den verantwortlichen Behörden meldeten sie ihre Bedenken an und zeigten die Schwachpunkte der Isarkorrektion auf. Die Floßmeister vertraten die Ansicht, daß statt der neuen Wasserbauten nur „das alte Ufer gegen Austreten der Isar gesichert wird, und dieselbe ihren früheren ungehinderten Lauf nimmt". Aber ihren Vorstellungen wurde „nicht die mindeste Rechnung getragen", wie im Flößerarchiv von Wolfratshausen zu lesen ist.
Überhaupt traf es die Flößer schmerzlich, daß die Isar, ein stark befahrener Fluß, „zu einem Bach herabgewürdigt und ein weiterer Handel auf diesem lebhaften Wasser unmöglich wird, der Segen und Wohlstand verbreitete. Eine nicht unbeträchtliche Schichte teurer Untertanen wird im wahrsten Sinne des Wortes vernichtet, die seit urfürdenklichen Zeiten in diesem mühesamen und gefahrvollen Geschäftsleben tausend Andere ernährte und Tausende dem Staate und der Stadtcomune München einbrachte", beklagten die Floßleute die Isarkorrektion. In einem Land wie Bayern sollte das geschehen dürfen, „wo unter der glorreichen Aegide eines Königs Vaters Max Handel und Wandel gedeiht und Industrie blüht".
Durch den engeren Zusammenbau der Isarufer in München im Zuge der Regulierung reichten die ebenfalls schmäler gewordenen Länden für die weiterhin in großer Anzahl ankommenden Flöße nicht mehr aus. Zur Abwendung des Mißstandes wurden deshalb viele, die an den Länden des Hauptwassers nicht mehr gehörigen Raum fanden, vorläufig im Stadtbach untergebracht.

Allerdings war dies mit Mehrkosten, Umständen und Zeitversäumnis verbunden. Es kam zu Klagen und Beschwerden durch die Besitzer der anliegenden Gärten und Sägmühlwerken, welche großen Schaden durch Wasseraustreten erlitten, da der Stadtbach mit den Flößen überfüllt war. Der Andrang war dort zeitweise so groß, daß keine weiteren Flöße mehr aufgenommen werden konnten. Die nachkommenden aus dem Oberland wurden deshalb schon an der Thalkirchner Lände, vor den Toren Münchens, zum Anhalten und Hinwarten gezwungen, bis der Stadtbach wieder aufnahmefähig war. Die Wartezeit konnte volle acht Tage dauern. Im Jahre 1864 kamen 11 145 Flöße nach München!

Für die aufstrebende Stadt wurde es schwer, sich mit einem Ländbetrieb dieser Größenordnung im Zentrum zu arrangieren. Aufgestapelte Lang- und Scheithölzer links und rechts der Länden entwickelten sich zum Verkehrshindernis. Das Gebiet der Unteren Lände entlang der Floßstraße (heute Steinsdorfstraße) wurde deshalb aufgelassen, und auch die bekannte und beliebte Einkehr „Zum Grünen Baum", inzwischen Stammlokal vieler Münchner Künstler, schloß im Jahre 1886 ihre Pforten. Die Floßstraße erhielt die vornehme Bezeichnung „Quaistraße", was den Anliegern nie gefiel. Zehn Jahre kämpften sie dagegen an, bis 1888 eine Umwandlung in „Steinsdorfstraße", benannt nach einem um die Stadt verdienten Bürgermeister, die Gemüter besänftigte.

Der Ländbetrieb beschränkte sich nur noch auf die heutige Museumsinsel sowie den Uferstreifen entlang der Erhardtstraße. Da jedoch das Ausmähnen der Flöße durch Pferdegespanne auf Dauer auch hier verkehrspolizeilich nicht geduldet werden konnte, suchte der Münchner Magistrat nach einem neuen und geeigneteren Ländplatz.

Inzwischen erreichte die Flußregulierung auch Thalkirchen vor dem Burgfrieden Münchens. Mit dem dort geplanten Flußbau hielten die Flößer eine Befahrung der Isar von diesem Punkt an nicht mehr für möglich. Sie hätten ihre bisherige Notlände vor den gefürchteten Überfällen in Thalkirchen nicht mehr erreichen können. Auf Leben und Tod wären sie gezwungen gewesen, den einzig noch vorhandenen Weg durch die Schleusen zu fahren.

Wie lebenswichtig den Floßleuten die Erhaltung der Thalkirchner Notlände war, welche oberhalb der schräg über das Flußbett verlaufenden gefürchteten Wasserfälle lag, zeigte die angebotene Bereitschaft zur Zahlung von Ländgeld auch dann, wenn sie nicht benutzt zu werden brauchte. Im Jahre 1860 erlitt der Wallgauer Flößer Anton Bartl hier in der reißenden Isar an der Pferdeschwemme den nassen Tod, und erst 10 Tage später wurde sein Leichnam bei Ismaning, etwa 20 km flußabwärts, aufgefunden.

Schließlich gelang es den Floßmeistern von Isar und Loisach, die „hohe Regierung" zu überzeugen, und aus der Notlände wurde eine ordentliche Floßlände mit festgelegtem

Platz. Offiziell wurde sie im Jahre 1864 als dritte Münchner Lände bei Thalkirchen aufgenommen, neben der Unteren Lände und der Oberen Lände am Westermühlbach.

Die Isarkorrektion schritt weiter fort im Isartal, und „zum Zwecke von Verschönerungen in der Umgegend Münchens mittelst englischer Anlagen" wurde die Flußstrecke von der Großhesseloher Brücke bis Auer(mühl)bach, der am südlichen Ende des Tierparks Hellabrunn rechts von der Isar abzweigt, in Angriff genommen. Für die Floßleute war nur schwer zu verstehen, daß es sich hier um Verschönerungsmaßnahmen „zum Vergnügen des Publikums handelt", ein Vorhaben, wie sie meinten, „das in dieser Beziehung den Annalen der Nachwelt aufgehoben zu werden verdient. Es sollte aber nicht vergessen werden, dem Angenehmen das Nützliche vorzuziehen." Zur eigenen Sicherheit forderten die Floßmeister am Auer(mühl)bach, der von der Isar abgeleitet wird, ein verlängertes Wehr anstelle des kurzen. Denn nach ihrer Erfahrung würde das ohnehin rapide Gefälle bei Flußeinengung ab der Großhesseloher Brücke noch schneller werden. Auch so schon gerieten am Auer Wehr die Flöße mit Besatzung häufig in Not, und es kam zu Unfällen. So ist die nahe gelegene Marienklause aufgrund eines Gelübdes aus dem Jahr 1815 durch die verunglückten Gebrüder Achleithner entstanden.

Seit dem Jahre 1854 wurde die Isar auch ab der Loisachmündung unterhalb Wolfratshausens korrigiert. Des öfteren hatten die Floßmeister Grund zu Beschwerden, wenn die großen Steine im neu regulierten Isarbett liegen blieben. Vor allem in der Talschlucht von „Beuerbrunn und bei Pullach" brachte diese Nachlässigkeit der Wasserbauarbeiter die Flöße in die Gefahr des Auffahrens, was ein „Untersinken" der Stämme oder Ladung zur Folge hatte. Neben dem materiellen Schaden sahen die Flößer auch ihr Leben gefährdet.

Erst im 20. Jahrhundert war die wilde, verästelte Isar bis hinunter in ihr Mündungsgebiet eingefangen und besänftigt. Zu dieser Zeit gab es in Münchens Zentrum keine Lände mehr. Denn der Magistrat hatte noch vor der Jahrhundertwende ein geeignetes neues Ländegebiet gefunden und trieb das Projekt voran: „Dasselbe ist baldmöglichst und unabhängig von der Frage der Eingemeindung von Thalkirchen zur Ausführung zu bringen. Der erwachsende Kostenaufwand mit 130 000 DM ist auf Anlehen zu übernehmen. Als Ländplatz sind jene drei Weiher gedacht, die in den Maria-Einsiedel-Auen von der Verlängerung der Mühlstraße (heute Benediktbeuerer Straße) gegen Süden sich ausdehnen, eine Fläche von etwa 33 000 Quadratmetern einnehmen und anliegend einen Lagerplatz von etwa 127 000 Quadratmetern in sich fassen."

Am 15. Mai 1899 nahm die „Zentrallände" in Maria Einsiedel (Thalkirchen) den Betrieb auf. An den alten Länden in der Stadt beließ man die Durchfahrtspassagen für

Floßfahrten ins Unterland, die jedoch kaum mehr benutzt wurden. Im Jahre 1910 schwamm als letztes ein geschmücktes Passagierfloß aus Lenggries durch die Praterwehrschleuse an der ehemaligen Unteren Lände. Der Veteranen- und Kriegerverein samt Musikchor und Trommler ließ sich nostalgisch auf grünen Isarwellen zu den alten Kameraden nach Moosburg hinunterfahren, die ihr 100jähriges Gründungsjubiläum feierten.

Die Geschichte der Isarkorrektion Münchens ist für die Nachwelt auf einer Tafel am Werksgebäude Praterinsel bei der Mariannenbrücke in kurzen Angaben festgehalten, damit sie nicht in Vergessenheit gerät:

„Durch die Einverleibung von Thalkirchen, Bogenhausen, Schwabing und Oberföhring in die Stadtgemeinde München und durch die Korrektion des Isarflusses sind folgende Veränderungen eingetreten: Den Burgfrieden von München durchfliesst die Isar von Grosshesselohe bis St. Emmeram in südöstlicher Richtung in einer Länge von 13 700 Metern bei 33,50 Meter absolutem Gefälle. Ihre Wassermenge wechselt zwischen 40–1300 Sekunden-Kubikmetern."

Langholz für München

# Eine Zentrallände für alle

Seit die alten Münchner Länden vor allem aus verkehrspolizeilichen Gründen dem Stadtbild weichen mußten, spielte sich das gesamte Ländgeschehen an der neu eröffneten Zentrallände am südlichen Stadtrand ab. Ankommende Flöße, Ländarbeiter, Holzhändler, Pferdefuhrwerke, aufgeganterte Holzstämme, Holzlager gaben der Gegend um Maria Einsiedel neues Gepräge. Niemand fühlte sich hier draußen durch das Treiben belästigt, nur wenige, meist kinderreiche Familien, hatten hier ein Zuhause.

In den Maria-Einsiedel-Auen waren für den Floßbetrieb Ländbecken mit Zu- und Abfahrtskanal, im oberen Becken die Kohlenlände, sowie Floßkanal mit Einlaß- und Stauschleusen entstanden. Eine Weiterfahrt über die Zentrallände hinaus war nicht mehr möglich. Unmittelbar dahinter befand sich das Familienschwimmbad Maria Einsiedel.

Die Ländinspektion hatte ihren Sitz in der Benediktbeuerer Straße und wachte darüber, daß die städtische Ländordnung in allen Punkten eingehalten wurde. Zu entrichtende Gebühren waren bei der dortigen Kasse in der gültigen Währung einzubezahlen, später bei der Stadthauptkasse. Seit 1. Januar 1900 war der Vorort Thalkirchen eingemeindet.

Die Floßfahrt auf der Isar nach München war zulässig, sobald und solange Wasserstand und Witterung es gestatteten. Eröffnung und Schluß der Saison wurden vom Magistrat rechtzeitig schriftlich bekanntgegeben. An die 5000 Flöße mit Holz, Kohle, Kalk legten in den ersten Jahren seit Alleinbestehens der Zentrallände an, etwa 20% kamen von der Loisach. Die meisten davon mit Holz beladen, das Händler oft schon im Isarwinkel angekauft hatten und sich durch die Flößer auf dem billigen Wasserweg heruntertransportieren ließen. Andere Güter wurden kaum mehr per Floß befördert.

Wenn besonders gute Stämme von Lenggries oder Tölz nach München sollten, fuhr Josef Dosch, der die Abwicklung von Holzgeschäften in Maria Einsiedel betrieb, persönlich bei den Flößern mit. Seine 87jährige Enkelin Wilhelmine Herrmann erinnert sich noch gut daran, denn jedesmal kochte die Großmutter dann ein echtes, kraftvolles Filetgulasch für ihn, damit er für die Fahrt gestärkt war. Eine teuere Mahlzeit für damalige Verhältnisse. Die neun Kinder beneideten ihren Vater darum und hofften mit großen Augen und wäßrigem Mund, daß etwas für sie übrigblieb. Doch leider reichte es immer nur für die Gulaschsoße mit Knödel.

Als Proviant für unterwegs bekamen die meisten Flößer von ihren Frauen ein G'räuchertes oder kalten Braten mit, eingewickelt in Pergamentpapier und Zeitung.

Sebastian Angermeier († 1936) in Sonntagstracht und mit „Sonntagspfeife"

In den Rucksack wurden außerdem eingepackt: Wechselzeug, Unterwäsche, Hemd, Hose, Jacke, „Söckei" und Reserveschuhe, damit sie nach der Fahrt etwas Trockenes auf der Haut hatten. Trotzdem plagte viele Flößer der Rheumatismus durch die jahrelange nasse Arbeit, zu der zwar die hohen Wasserstiefel getragen wurden, welche aber Gliederschmerzen in zunehmendem Alter nicht verhindern konnten. Nicht fehlen durften das Verbandszeug und ein Hackerpfeilsackerl, gefüllt mit mindestens 2 Hackerpfeilen sowie 6 bis 8 Nägeln. War der Rucksack zugeschnürt, kam oben drüber noch der Lodenmantel als Rüstzeug, falls das Wetter umschlug. Ohne Rucksack, Hut und Floßhack ging kein Flößer zur Arbeit.

Die auf der Isar herunterkommenden Flöße konnten die Zentrallände über den neuen 8,5 m breiten Floßkanal erreichen, der bei Hinterbrühl abzweigte. An der linken Seite vor der Kanaleinfahrt mit Einfahrtsschleuse befanden sich mehrere Ländpfähle, an denen manchmal Flöße angehängt waren, wenn die Lände aus betrieblichen Gründen nicht angefahren werden konnte.

Auf der kleinen Brücke über dem Floßkanal bei Hinterbrühl erwartete der geschnitzte Schutzpatron St. Johannes Nepomuk „seine" Flößer, die ehrfurchtsvoll vor ihm den Hut zogen und sich verbeugten. „St. Nepomuk beschütze unsere Flößerei, die Stadt und Land von Nutzen sei!" stand dort auf einem nun verschwundenen Bildstöckl.

Die amtliche Bezeichnung „Zentrallände" war bei den Flößern kaum zu hören, wie alle anderen Leute aus der Gegend sprachen sie von der „Floßlände in Thalkirchen". Im Jahre 1910 kamen 3543 Flöße hier an, 1920 waren es 2038, auch im Jahre 1925 herrschte lebhafter Floßverkehr mit täglich 15 bis 20 Flößen.

Nach dem langen Arbeitstag auf dem Wasser gingen die meisten Flößer noch in ein Wirtshaus zum „Zuakehr'n". Gleich an der Lände hatte Franz Rinshofer die Pforten seines Gasthofes für die Durstigen geöffnet. Die Floßleute kehrten häufig bei ihm ein. Im Nebengebäude konnten sie Nachtquartier finden, falls es für den Heimweg zu spät geworden war. Der Gastwirt besaß auch das Grasrecht für die Wiesen rund um den „Gasthof zur Lände". Die Flößer hatten ihn wohl deshalb in Verdacht, 2 Ruder und 1 Falzbrett von Willibald Georg aus Lenggries von der Länd weg entwendet zu haben.

Um den Abendzug Richtung Tölz zu erreichen, gingen die Flößer über Maria Einsiedel den Berg hinauf nach Mittersendling und durch die Flößergasse zum Bahnhof. Manchmal machte einer von ihnen noch einen Abstecher zum Zahnarzt Dr. Max Mäusel in die Emil-Geis-Straße, dessen Praxis direkt auf dem Weg lag. Dort waren die Flößer „wegen ihrer gesprächigen Art beliebte Patienten", erinnert sich die ehemalige Zahnarzthelferin Rosina Gall.

Oftmals besuchten die Flößer die Gaststätte „Hinterbrühl", in der sie gerne noch eine kleine Stärkung zu sich nahmen, bevor sie den Heimweg antraten. 30 bis 40 der Ihrigen konnte man in der Gaststube antreffen, und der Geräuschpegel war dementsprechend laut. Doch leider lag die Einkehr nicht in Bahnhofsnähe. So wurde es Sitte, gemeinsam zum oben liegenden Bahngleis zu ziehen und dort auf den Abendzug zu warten, in der Hoffnung, daß sie der Zugführer mitten auf der Strecke zusteigen ließ. Meistens hatten sie Glück, andernfalls mußte der lange Heimweg durch die Nacht zu Fuß angetreten werden.

# In Gefahr und Not

## Marienklause

Der zum Münchner Stadtbachsystem zählende Auer Mühlbach, an der Schleusenanlage unterhalb Harlachings von der Isar abgeleitet, durchfließt zunächst in raschem Tempo den Tierpark Hellabrunn in seiner ganzen Länge. Als Arbeitsbach erreicht er anschließend die Stadtviertel Untergiesing und Au, wo er über Jahrhunderte fleißig die dortigen Mühlen antrieb. Doch auch der Stromgewinnung kam seine Wasserkraft zugute. Bei der Maximiliansbrücke in der Münchner Innenstadt ist ihm sein willkürliches Ende gesetzt, und er wird zurück in die Isar geleitet.

Die Floßleute fürchteten die Schleusenanlage am Auer Mühlbach, da durch das rapide Isargefälle unterhalb Großhesselohes die Flöße besonders schnell auf das Auer Wehr zugetrieben wurden. Eine gefährliche Stromschnelle, die dort durchfahren werden mußte, erhöhte das Unfallrisiko. Die Flößer beteten deshalb vor dieser Passage zur Muttergottes, damit sie ihnen den nötigen Beistand angedeihen ließ, eine fromme Gewohnheit, über die auch mit dem ersten Pfarrer der am Isarhochufer liegenden Gemeinde gesprochen wurde.

Im Jahre 1815 gerieten die Gebrüder Achleitner bei Hochwasser mit Getreidefuhren dort an den Schleusensteg, so daß das Floß auseinanderbarst und sie selbst im reißenden Wasser trieben. Gerade noch rechtzeitig erwischten sie einen aus dem Wasser ragenden Pfosten, an den sie sich festklammern konnten, bevor sie schwerverletzt geborgen wurden. Angesichts der Todesgefahr gelobten die beiden, der Jungfrau Maria eine Kapelle zu errichten. Jedoch kam das Gelübde aus widrigen Umständen nie zur Ausführung.

Erst 50 Jahre später baute Martin Achleitner, der Sohn eines der Flößer, die Marienkapelle an der Isar. Auch er hatte mehrfach Grund, der Jungfrau Maria dankbar zu sein für „öftere Errettung aus Hochwasser- und Felssturzgefahr". Von Beruf Wasserbaumeister und Aufseher am großen Wehr des Auer Mühlbachs, war sein Dienst an der Schleuse ein gefährlicher, bei dem immer wieder Menschen den Tod fanden. In Erfüllung seines Gelübdes errichtete er deshalb in den Jahren 1865/66 unten am Ufer hinter dem einsam gelegenen Schleusenwärterhäuschen an der Abzweigung des Auer Mühlbaches die Marienklause.

Unter seinen Händen entstand die kleine Holzkapelle mit Türmchen, in deren Altarraum sich eine Figur der Jungfrau Maria befindet. Eng an den Isarsteilhang geschmiegt, wird die Kapelle von Bäumen, Sträuchern und Büschen schützend umgeben und ist dadurch dem direkten Blick entzogen. Eine ruhige, friedliche Atmosphäre verströmt der ausgesuchte Platz, die der Ankommende sofort verspürt und in welcher seine Alltagssorgen an Bedeutung verlieren.

Unter der Kapelle lud der Jakobsbrunnen in der kleinen kühlen Grotte den Pilger zu einem Schluck frischen Quellwassers ein. Da dem „Stahlwasser" Lebens- und Heilkraft nachgesagt wurde, schöpften viele mit dem an langer Kette angehängten großen Löffel vom kostbaren Naß oder füllten das mitgebrachte Fläschchen auf.

Marienklause

> Jakobsbrunn bin ich genannt.
> Mein Herz ist tief in Felsenwand.
> Ist meine Quell auch eng und klein,
> so ist doch's Wasser klar und rein.
> Gesundheit bringt's und Lebenskraft
> wohl mehr als mancher Gerstensaft.
> Das merket, Pilger lobesam,
> seid meine Gäste dann und wann!
> Verschont mir rings, was ihr erblickt,
> da ich jetzt freundlich euch erquickt.

Zur Andachtsstätte Marienklause gehört auch noch das eingezäunte Gärtchen mit vierzehn Kreuzwegstationen und einem Steinaltar unter hohen, schattigen Bäumen, das zwischen Kapelle und dem Schleusenwärterhaus angelegt wurde. Als sich zehn Jahre nach Errichtung der Marienklause ein riesiger Nagelfluhfelsbrocken vom Steilhang gelöst hatte und nach unten donnerte, blieben Kapelle und Wohnhaus des frommen Mannes unversehrt.

Viele Menschen haben seitdem die idyllisch gelegene Marienklause besucht und in aller Stille ihre Anliegen vorgetragen, wovon zahlreiche Votivtafeln, Rosenkränze, Heiligenbilder, selbstgefertigte Gaben und die hoffnungsvoll flackernden Kerzenopfer Zeugnis geben. Heute noch findet jährlich Anfang Mai die Lichterprozession des Dekanats Giesing-Harlaching hinunter zur Marienklause statt. Auch Andachten werden von Juni bis September dort unten in unmittelbarer Isarnähe abgehalten.

Oben am Hochufer von Harlaching aber erinnert die Achleitnerstraße an den tiefgläubigen Wasserbaumeister, der nicht nur die Marienklause erbaut und gepflegt hatte, sondern während seiner Dienstjahre mühsam und unter Gefahren auch die ersten Pfade über den nagelfluhfelsigen Steilhang hinauf angelegt hatte. Vor „Felssturzgefahr" beschützte ihn allzeit die Jungfrau Maria.

Erst nach seinem Tod entstand in den Jahren 1919/20 die Marienklausenbrücke mit einer extrabreiten Floßdurchfahrt unter den neun Holzjochen. Sie wurde als Notstandsarbeit nach dem verlorenen Ersten Weltkrieg durchgeführt.

# Der Schutzengel im Isarkanal

An der südlichsten Grenze von München, in Großhesselohe, überspannte als Vorgängerin der heutigen Brücke eine der ältesten Eisenbahnbrücken Deutschlands die tiefe Talschlucht der Isar von einem Hochufer zum anderen. In 31 m Höhe wurde sie als Flußübergang für die Eisenbahnverbindung München–Holzkirchen von 1851–57 errichtet. In Stahlbauweise, die schon dem beginnenden Zeitalter der Technik zuzuschreiben ist – sachlich, wirtschaftlich, ästhetisch. Ingenieur Friedrich August von Pauli entwarf die kühne Eisenkonstruktion; er hatte die Technik des Eisenbaus in England studiert.
Für die Großhesseloher Brücke entwickelte er ein neues Tragsystem, mit dem nach ihm benannten „Paulischen Fischbauch- oder Linsenträger", einem filigranen Gitterträger für die feingliedrige Eisenkontruktion. Sie wurde von 3 hohen Pfeilern aus Nagelfluh, Ziegel und Beton sowie den beidseitigen Widerlagern, welche die Brücke auf 258 m verlängerte, getragen. Im März 1857 waren die gewaltigen Maurerarbeiten an der Unterkonstruktion abgeschlossen. Nun konnte die Maschinenfabrik Cramer-Klett aus Nürnberg die Eisenkonstruktion aus der Maxhütte und teilweise aus England liefern. Bereits im Oktober des gleichen Jahres war die Belastungsprobe durch drei Lokomotiven samt Tendern sowie einigen torfbeladenen Güterwagen bestanden worden, und die Großhesseloher Brücke konnte für den Schienenverkehr freigegeben werden. Auch für Fußgänger bestand die Möglichkeit, in schwindelerregender Höhe auf dieser Brücke, die für eine der höchsten der Welt gehalten wurde, die Isar zu überqueren. Ein aufregender Spaziergang, wenn gleichzeitig ein Zug darüberrollte und den schmalen Bretterweg unter den Füßen zum Schwingen und Zittern brachte.
Oben bot sich nach Norden ein herrlicher Ausblick auf die Stadt München und nach Süden auf die waldigen Ufer der sich vom Gebirge herunterschlängelnden schimmernden Isar, deren Rauschen hinauf bis zur Brücke klang. Wie kleine Modellflöße nahmen sich unten die treibenden Flöße aus, welche damals noch auf der offenen Isar zur nahen Lände bei Thalkirchen fuhren.
Den Flößern auf dem Wasser zeigte sich bei Großhesselohe durch das Öffnen der Talschlucht in eine weite Ebene das Bild der vor ihnen liegenden Stadt. Der vertraute Anblick der doppeltürmigen Frauenkirche mit den welschen, runden Hauben, zu deren Bau ihre Vorväter Holz und Kalk nach München gebracht hatten, veranlaßte sie, wie von jeher so getan, ihren Hut zu ziehen, um mit kurzem Gebet Unserer Lieben Frau für die bisher gut verlaufene Fahrt zu danken.

Großhesseloher Brücke

Durch den im Jahre 1907 auf der linken Isarseite errichteten Werkskanal von Großhesselohe zum Südwerk I nach Thalkirchen, welchen die Flößer seitdem befahren, ist ihnen wegen der dichten Auwälder der Blick auf die Frauenkirche genommen.
Leider zog die weithin bekannt gewordene Großhesseloher Brücke nicht nur Bewunderer der technischen Konstruktion oder Liebhaber der Natur an, die einen Blick von oben auf das wildromantische Isartal genießen wollten, sondern auch solche Menschen, die verzweifelt versuchten, ihrem Leben ein Ende zu setzen. Etwa 300 Unglückliche haben sich seit Erbauung der Brücke aus 31 m Höhe hinunter ins steinige Isarbett gestürzt, was ihr den Beinamen „Selbstmörderbrücke" einbrachte.
An einem Sommertag war auch der Heidacher Jakob und sein Chef, der Seitner Franz, mit beladenem Holzfloß unterwegs. Als sie im Isarkanal bei Großhesselohe unter der Brücke fuhren, sahen sie voll Entsetzen, daß eine Frau von dort oben losgesprungen war und in direktem Fall auf ihr Floß zusteuerte. Der Heidacher erschrak heftig, weil ein Floß nicht so schnell wegzulenken war: „Hoffentlich springt's mir net auf mein Deckel nauf!" Aber, Gott sei Dank, der Körper tauchte dicht neben dem Floß ins

3 bis 4 m tiefe Wasser ein. Verschwunden war er und nichts mehr von ihm zu sehen. Doch als Flößer wußte der Heidacher, daß der eingetauchte Körper noch einmal ganz kurz mit der Welle freigegeben wird, und auf diesen Moment lauerte er. Sobald etwas an der Wasseroberfläche erschienen war, packte er zu und hatte die Haare der Frau in der Hand. Daran versuchte er, sie aufs Floß zu ziehen. Es wurde ein gefährlicher Rettungsversuch, weil die Lebensmüde noch Kräfte besaß und lieber sterben wollte. Der Heidacher mußte aufpassen, daß sie ihn nicht auch noch vom Floß hinunterzog. Doch dann hatte er es geschafft. Während der Fahrt zur Lände bei Thalkirchen ließ er die junge Frau nicht aus den Augen, denn ihr Wunsch war nach wie vor zu sterben. An der Lände angekommen, übergab er das Mädchen der Polizei.

Etwa drei Wochen später, als der Heidacher wieder mit dem Floß an der Münchner Lände ankam, wartete schon der Schleusenwärter mit einem „Weiberleut" am Ufer und fragte ihn: „Kennst' de?", und zum Mädchen sagte er kurz: „De san's g'wesen", die im Isarkanal geholfen hatten. Sie bedankte sich artig beim Heidacher und gestand, daß sie damals alles nur aus Liebeskummer gemacht hätte.

Ihren Namen sagte sie nicht, und auch der Heidacher fragte nicht danach. Das war ja auch nicht wichtig, Hauptsache, das junge Mädchen war gerettet und hatte wieder neuen Lebensmut. Doch vergessen kann er diesen schicksalhaften Tag natürlich nie, wo er, der Heidacher Jakob, Schutzengel spielen durfte.

# Das Todeshospiz an der Donau

Mit Eröffnung der Zentrallände in Maria Einsiedel im Jahre 1899 wurde der gesamte Floßverkehr endgültig vor die Tore Münchens verlegt. Eine Floßgasse zur Weiterfahrt ins Unterland gab es dort nicht mehr. Kein Verlust für die Flößer, denn bis zur Donau wurde kaum mehr geflößt. Die „silberne Straße der Kauffahrtei", wie Kaiser Maximilian I. sie genannt hatte, trug längst internationale Handelsschiffe, worunter das kleine Floß nur eine winzige Rolle spielen konnte. Schließlich wurde im Jahre 1905 wegen des lebhaften Verkehrsaufkommens auf der acht Staaten verbindenden Wasserstraße das Befahren mit den langsam zu lenkenden Flößen ganz verboten.

Die Flußstrecke der Donau kannten die jüngeren Flößer alsbald nur noch vom Erzählen der Alten. Die jedoch sprachen noch lange darüber, vor allem über jene unheilvolle Gegend bei Grein, wo in der steilen Donauenge Gevatter Tod auf seine Opfer lauerte. Drei dicht aufeinanderfolgende äußerst gefährliche Stellen im Flußlauf brachten hier die Schiffahrt häufig in tödliche Gefahr. Der Greiner Schwall, Strudel und Wirbel brachten manches Leid in die Flößerfamilien des Alpenlandes, wenn der Vater, Sohn oder Bruder von dort nicht mehr zurückkamen. Zahlreiche Gedenksteine und Marterl entlang von Grein bis St. Nikola gedachten den tragisch Ertrunkenen. Der schicksalhafte Ort erhielt von den Floßleuten den Beinamen „Todeshospiz".

Gewiß waren die Isar- und Loisachflößer gewohnt, mit gefährlichen Stellen im Wasser fertig zu werden, wie Sülferstein, Faller Klamm, Georgenstein und Thalkirchner Überfälle, doch was die fernflößenden Kameraden dort drunten an der Donau erwartete, konnte damit nicht verglichen werden.

Näherten sie sich mit dem Floß dem Orte Grein, gaben sie den Mitreisenden, solange noch Zeit war, Anweisungen, wie sie sich verhalten sollten. Doch dann verstummten die Gespräche, und gebannt sahen alle dem ersten Hindernis entgegen. Die Frauen begannen aus Angst zu zittern oder bekreuzigten sich. Die Flößer aber mußten sich nun ganz aufs Wasser konzentrieren, denn das erste Hindernis, das Schwalleck, war schon nahe. Weit ragte der gewaltige Felsvorsprung in die Donau hinein, und es galt höllisch aufzupassen, damit man mit der richtigen Strömung vorbeikam. Ein Anstoßen am Greiner Schwall hätte das Auseinandergehen des Floßes und hilfloses Weitertreiben im rasant fließenden Strom zur Folge gehabt.

War die erste Gefahr am Schwalleck glücklich vorüber, blieb gerade ein wenig Zeit zum Aufatmen, während sich am verändernden Klang des rauschenden Wassers schon die nächste unheilvolle Stelle ankündigte. Unter dem Rabenstein lag mitten in der Donau die Insel Wörth, wo sich der Fluß in zwei Arme teilt, in den sogenannten Hößgang und den Strudel. Die Angst der Reisenden wuchs, an der Felseninsel mit dem Floß zu zerschellen, und steigerte sich noch einmal, wenn die Flößer die Richtung in den Hauptarm, den Strudel, für die Durchfahrt einschlugen. Eine weiß gischtende, brausende Flut erwartete sie dort, darunter lauerten versteckte Felsenriffe und Granitklippen. Angesichts dieser Gefahr begannen viele Leute zu beten.

Kaum war das Floß in den „Strudel" eingefahren, warfen es die schäumenden Wellen hin und her, und die Flößer mußten blitzschnell reagieren, um nicht an eine herausragende Felsenspitze geworfen zu werden. Den Mitreisenden war empfohlen, sich gut festzuhalten, um bei der heftigen Fahrt nicht vom Floß zu fallen. Jeder empfand bei der schrecklichen Strudelfahrt die Sekunden der Todesangst auf seine Weise. „. . . ich sasse in der mit bredern zusammengeschlagenen Hütten auf einen Väßl Ulmer Gersten, da von mich die häufig anstoßende grobe Wellen abwarffen, und mir selbe mehls die Haar sehr aufwärts stunden, ja wußte fast nicht, ob ich männlichen oder weiblichen Geschlechts ware, die farb hate sich verändert, daß ich kein Blut fast mehr hate . . .", schilderte ein unbekannter Verfasser aus dem 18. Jahrhundert seine Gefühle.

Noch immer war die Fahrt durch das Todeshospiz nicht zu Ende, ein letztes Abenteuer in der verwunschenen Schlucht stand bevor. Trotzdem ergriff die Menschen ein kleiner Hoffnungsschimmer auf glücklichen Ausgang, denn sie hatten bei den vorangegangenen Bewährungsproben die meisterlichen Fahrkünste der Flößer erlebt.

Doch gleich darauf breitete sich von neuem Schrecken aus, als die Donau nach einer östlichen Windung den Blick auf den Hausstein freigab, der trotzig mitten im Strom lag. Nach einer Sage soll ihn der Teufel dorthin geworfen haben. Je näher das Floß in schnellem Tempo zum Felsbrocken trieb, um so deutlicher wurde erkennbar, daß sich am Hausstein das Wasser in weiten kreisenden Bewegungen drehte. Der berüchtigte „Wirbel" lag vor ihnen. Sein entsetzliches Ausmaß konnte einen Durchmesser bis zu 16 m erreichen und der furchtbare Wassertrichter darin bis zu 1,50 m. Wehe, wenn das Floß in die Sogwirkung des Trichters kam! „Der Mensch fühlt sich auf einmal verlassen in der Gewalt des feindseligen, unbekannten Elements", schrieb hierüber der romantische Dichter Joseph von Eichendorff.

Die Flößer hatten keine Zeit für Gefühle, denn das Durchfahren des Wirbels nahm alle ihre Kraft und Sinne in Anspruch. Sie ruderten um ihr Leben, damit sie dem kreisenden Wasser, das sich in immer enger werdenden Ringen um das Floß drehte, entkamen. Gleichzeitig mußten sie „mit geschicktester Lenkung" verhindern, daß der alles in die Tiefe ziehende Wassertrichter dem Floß zu nahe kam. Ein Fehler nur beim Lenken oder das Nachlassen der Muskelkraft hätte alle in Todesbedrängnis gebracht.

War das Floß endlich dem schrecklichen Inferno heil entkommen, empfanden die Mitfahrer große Freude, Erleichterung und Dankbarkeit. Die Flößer aber richteten ihren Blick hinüber auf die Kirche St. Nikola am linken Ufer und dankten dem Patron der Schiffsleute mit stummem Gebet für seinen erwiesenen Schutz bei der Fahrt durch das Todeshospiz.

Die große Bürde der Verantwortung gegenüber den Reisenden lastete an solchen Gefahrenstellen besonders schwer auf den kräftigen Schultern der Flößer. Auch hohe Persönlichkeiten und Aristokraten vertrauten sich immer wieder ihren Fahrkünsten an. Manch wichtige Reise ist in den Archiven festgehalten. So reiste der bayerische Kurfürst Maximilian I. mit seinem Gefolge am 1. Juli 1635 auf dem Wasserweg nach Wien, um mit Maria Anna, der Tochter des Kaisers Ferdinand II., Hochzeit zu feiern.

Die Dienste der Flößer aus dem Oberland nahm auch Max Emanuel, der „Blaue Kurfürst", während der Türkenkriege im 17. Jahrhundert mehrmals in Anspruch. Von der „Flößer-Marine" ließ er Munition und Proviant nach Ungarn verführen. Als die Einnahme der Festung von Ofen (alte deutsche Bezeichnung für Buda, der rechten Seite von Budapest) geglückt war, durften 90 auserwählte Flößer, ihre Floßhack über die Schulter tragend, siegreich zusammen mit der bayerischen Hilfsarmee einmarschieren.

Die Daheimgebliebenen der Zunft entzündeten ihrerseits Freudenfeuer auf allen Bergen des Isarwinkels.

Schon im Jahre 926 wurde die Gegend Struden schriftlich genannt. Damals verunglückte der Freisinger Bischof Drakol bei einem Schiffsunglück tödlich. Jedes Jahr forderte die Strecke seine armen Opfer, und unzählige Schiffsleute und Flößer fanden hier im Laufe der Jahrhunderte den nassen Tod.

Erst im Jahre 1774 veranlaßte Kaiser Leopold II. eine Entschärfung der gefährlichen Stellen mittels Sprengungen. Trotzdem kam es zu weiteren Unglücksfällen, bei welchen das Verderben bringende Wasser der Donau nicht nach Herkunft seiner Opfer fragte.

Als der Dampfer „Kaiser Franz Josef" die aus bayerischem Adel stammende Sissy als Kaiserbraut Elisabeth nach Wien bringen sollte, kam es in Strudel und Wirbel zum Unfall. Er wurde als Anlaß genommen, die Flußregulierung zügig voranzutreiben. „Kaiser Franz Josef befreite die Schiffahrt von den Gefahren im Donauwirbel durch Sprengung der Hausstein Felseninsel 1853–1866" ist zur Erinnerung in der am Ufer gelegenen Haussteinkapelle zu lesen, in welche auch das eiserne Kreuz der gesprengten Insel überführt wurde.

„Wenn auch im Laufe der Zeit manches Felsenriff weggesprengt wurde und dadurch die Stromschnellen, namentlich unterhalb Linz, an Gefährlichkeit verloren, so meldet das Grundbuch der Flossleute doch von 1829 bis 1919, also in 90 Jahren, 18 Ertrunkene mit Namen und Datum des Todestages", ist in den Memoiren des Flößers Sebastian Goldhofer aus Weidach-Wolfratshausen zu lesen. Geboren im Jahre 1866, ist er als junger Bursche, noch keine zwanzig Jahre alt, zum erstenmal mit dem Floß nach Wien gefahren. In einem Sommer ging es 15–16mal die Donau hinunter. Obwohl das Todeshospiz zu seiner aktiven Zeit schon ungefährlicher war, mußten die Floßleute immer noch auf der Hut sein. „Mit Vorsicht näherten wir uns dem Strudel bei Nikla unterhalb Linz. War ein Signal aufgesteckt, dann näherte sich stromauf ein Schiff, und wir mußten landen bei Strafe und warten bis das Schiff vorbei war. Nur wenn kein Signal sichtbar war, durften wir weiterfahren."

Matthias Goldhofer ist von jeder abenteuerlichen Wienfahrt glücklich nach Hause gekommen und starb hochbetagt als angesehener Bürger seiner Heimat. „Mir haben die vielen Fussbäder nicht geschadet", sagte er einmal.

Endgültig beseitigt wurden die Gefahren im Strudengau jedoch erst mit der Fertigstellung des Donaukraftwerkes Ybbs-Persenbeug. Obwohl bereits im Jahre 1922 vom Schweizer Ingenieur Höhn projektiert, konnte der Bau infolge wirtschaftlicher Depressionen und des sich anbahnenden Krieges erst in den Jahren 1954–59 beendet werden.

# Almosensammlung in Sankt Nikola

In jahrhundertealter Tradition verehren die Bewohner des oberösterreichischen Marktes St. Nikola an der Donau den heiligen Bischof Nikolaus als Namensgeber ihres Ortes. Gelegen am Ende der für die Schiffahrt berüchtigten Strecke Greiner Schwall–Strudel–Wirbel, gehörte das Gebiet in den Besitz der Herren von Machland, einem mächtigen Adelsgeschlecht nördlich der Alpen. Durch ihre nahe beisammenliegenden Burgen entlang dem Donau-Ufer konnten sie bei Bedarf mittels Ketten eine Sperranlage im Wasser errichten, die ein Befahren des Flusses unmöglich machte.
Im Jahre 1141 bestimmte die Edle Gemahlin Beatrix des Edlen Walchuns von Machland, die auf Felsen erbaute Nikolauskirche – vermutlich eine frühere Burgkapelle – zur Spitalkirche zu erweitern. Noch im gleichen Jahr kam es zum Bau des Krankenhauses für die im gefährlichen Strudel Verunglückten. Dem Hospiz wurde durch Herzog Albrecht von Österreich im Jahre 1351 erlaubt, von den Schiffern „oberthalb vnd nyderthalb des Strudms" Spenden einzuheben. Eingesammelt wurden die Almosen der vorüberfahrenden Schiffe von einer Zille aus, auf welcher der Fährmann die Sammelbüchse darreichte. Niemand war von der Spende ausgenommen.
Der Erlös kam der dem heiligen Nikolaus geweihten Spitalkirche zugute, aber auch Wege wurden angelegt. Von der Wassersammlung mußten außerdem die angeschwemmten Leichen beerdigt werden, wovon es die meisten in der Donaubucht oder Donaufreithof antrieb. Der alte Gottesacker von St. Nikola befand sich bei der höher gelegenen Kirche, und steinerne Stufen führten vom Ufer zu ihm empor.
Im Jahre 1246 herrschte in dieser Gegend noch weitgehend das Faustrecht. Kaufleute lebten gefährlich und wurden häufig ausgeplündert. In den Oberösterreichischen Heimatblättern Jahrgang 35 ist zu lesen, daß Raubritter Ketten über die Donau spannten, um die talfahrenden Schiffe anzuhalten und zu kapern. Konnte das geforderte Lösegeld nicht bezahlt werden, ertränkten die wüsten Gesellen ihre Opfer oder warfen sie in den Teufelsturm, wo sie verhungern mußten. Die Spitalkirche von St. Nikola bot auch für solche Unglücksfälle Hilfe und Schutz an.
Der wie ein Schwalbennest am Hang klebende reizvolle Ort wurde im Jahre 1511 von Kaiser Maximilian I. durch Verleihungsurkunde zum Markt erhoben. Doch erst im Jahre 1152 erhielt er durch Kaiser Maximilian II. ein Marktwappen, das den heiligen Nikolaus, den Namensgeber des Marktes, Schutzheiligen der Kirche und Schutzpatron der Schiffsleute, zeigt.

Die Schifferkirche wurde zum Wallfahrts- und Pilgerort, zu einer Verehrungsstätte des Heiligen. Jährlich wird dort am 6. Dezember nach altem Brauch eine festliche Messe der Schiffsleute gefeiert. Eine Nachbildung der alten Sammelbüchse für Almosen steht an der Eingangspforte und dient als Opferstock. Nach dem Festgottesdienst gehen die Schiffsleute hinunter zur Donau, rudern mit dem Schiff hinaus und übergeben den Fluten einen Kranz zum Gedenken an die verunglückten Kameraden.

Die Kreuzfahrer auf der Donau:

St. Nikola, St. Nikola aus Strudeln und Wirbeln sind wir da.

Nun erweise deinem Gast was du ihm zu bieten hast.

Tu ihm auf sein Hospital, Pilgerherberg allzumal!

Gönn ihm dort die kurze Ruh', morgen fahren wir weiter zu.

Wohin die Donau brausend geht, des Kreuzes Fahne mit uns weht.

Hinunter fahren wir ins Morgenland. Gott segne aller mildigen Menschen Hand.

Aus „Strudengau – Das Donautal
in alten Ansichten" von Wolfgang Schachenhofer

Opferstock mit dem hl. Nikolaus

# Der Leprosen-Hans

Das Leben einer Flößerfamilie war gewiß kein sorgenfreies. Bei jeder Fahrt des Ernährers stellte sich von neuem die Frage, ob er wieder gesund zurückkommen wird. Wie grausam das Schicksal manchmal zugeschlagen hat, schildert die „Chronik des Loisachtals" von J. Huber. Das Wolfratshauser Wochenblatt hat die tragische Geschichte der alteingesessenen Noderers aus Beuerberg im Jahre 1909 in gekürzter Fassung wiedergegeben:

Etliche hundert Jahre sind es her, als der Niklas Noderer im Greiner Strudel durch Auseinandergehen der Flöße einen jähen Tod fand. Sein Sohn Hans, der auf dem gleichen Floße war, konnte sich noch an einem Baumstamm festklammern und war so auf wunderbare Weise vom Tode des Ertrinkens gerettet. Aber welch ein Schmerz war es für den Sohn, der in kindlicher Liebe und Verehrung an seinem Vater hing!

Doch es blieb für ihn nichts anderes übrig, er mußte sich, wenn es ihm auch schwerfiel, auf den Weg nach Hause machen. Von der langen Wanderung müde und matt, langte er endlich nach Wochen in später Nachtstunde zu Hause an. Als er nun den Seinen die traurige Botschaft kundtat, hob ein Jammern und Wehklagen an um den geliebten Gatten und Vater. „Oh, wenn er nur daheim gestorben wäre und man ihn im Friedhof zu Beuerberg begraben hätte können!" klagte die Gattin ein um das anderemal. „Aber so weit fort von uns! Nicht einmal ein Grab hat er, denn der Greiner Strudel gibt höchst selten sein Opfer mehr zurück. Doch man muß ihn finden! Ich will wallfahrten gehen und dort in heißem Gebete flehen, daß man ihn wieder findet", so sprach schluchzend die Gattin, nachdem sie den ersten Schmerz überwunden hatte.

Alle damals bekannten Wallfahrtsorte wie Andechs, Maria Eich, Birkenstein, Aufkirchen, Altötting besuchte sie, aber noch immer war ihr Gatte nicht gefunden. Da kam dem Sohn, der Zeuge von dem Tode des Vaters war, ein anderer Gedanke. Er wollte zu den Lebens- und Leidensstätten seines Heilandes wallfahren, er wollte nach Palästina. Das war in der damaligen Zeit aber keine Kleinigkeit.

Eines Tages nahm der Sohn Abschied von den Seinen und trat per Floß die Reise nach Palästina an. Auf der Höhe des Greiner Strudels errichtete er für seinen hier verunglückten Vater einen Gedenkstein mit eisernem Kreuz darauf und fuhr dann weiter bis Wien und von dort aus an das Schwarze Meer.

Nach Monaten endlich betrat er Palästina. Alle heiligen Stätten besuchte er dort, und überall flehte und betete er um die Auffindung seines Vaters. Mit schwerem Herzen trat der Sohn endlich wieder den Heimweg an. Der Greiner Strudel hatte den toten Vater nicht mehr zurückgegeben.

Mit ihm zog aber auch ein Begleiter, ein ungerufener, ungebetener, in die Heimat. Der Pilger hatte sich nämlich die Krankheit des Morgenlandes geholt: er war mit dem unheilbaren Aussatz behaftet! Nach dem Gesetz des Landes war er nunmehr für seine Angehörigen ein Toter, denn er durfte nicht mehr heim zu den Seinen, er mußte als Aussätziger in das Leprosen- oder Siechenhaus, das ein vom öffentlichen Verkehr abgeschlossenes, höchst primitives Gebäude war.

Hatte nun schon der Tod des Gatten und Vaters den Seinen großen Kummer und Schmerz bereitet, so doch um so mehr noch das Schicksal, das den lieben Sohn getroffen hatte. Das Leprosenhaus war das Schrecklichste, was man sich in der damaligen Zeit denken konnte. Und dessen Insassen waren wirklich erbarmungswürdige Geschöpfe.

Fern vom Verkehr mit den Leuten mußten sie ob ihrer ansteckenden Krankheit bleiben, weltabgeschieden, ein Bild des Jammers und der Verlassenheit waren sie, die Leprosen. Nur einmal im Jahr, in der Karwoche, durften sie den Markt betreten. Gehüllt in schwarze Mäntel, mit Klöpfeln nach dem Takte schlagend und ein Glöcklein um den Hals tragend, zogen sie dann durch den Markt. An langen Stangen hielten sie hölzerne Büchsen vor die Fenster und riefen: „Gebt's mir Armen, wenn ihr gebt, bet ich, daß ihr lange lebt – öffnet milde eure Hände, daß ihr Herrn an eurem Ende minder vor dem Tode bebt."

Wie weh mochte es der Mutter und den Geschwistern ums Herz sein, wenn sie in der Karwoche die Leprosen so ziehen sahen und wenn sie daran denken mußten, daß ihren Sohn und Bruder nur die Liebe zum Vater und der Aufenthalt in Palästina dorthin gebracht hatte.

Der Leprosen-Hans aber, wie man ihn allgemein nannte, fügte sich willig und gottergeben in sein hartes Schicksal und blieb seinem Gott treu. Mit der Holzarbeit war er als Flößer vertraut, und als Leprose widmete er sich auch dieser Beschäftigung. Nur durfte er die rauhe Arbeit eines Flößers nicht mehr verrichten. Aber er machte dafür schönere und wertvollere Arbeiten, indem er sich übte in der Holzschnitzerei, und er brachte es darin zu großer Fertigkeit. Seine Spezialität war im Schnitzen von Heiligenfiguren. In der Leprosenkapelle schmückte ein Zeichen seiner Kunstfertigkeit den Raum, ein Sankt Kümmernisbild mit dem Geigerlein zu Füßen. Als die Leprosen-Kapelle um das Jahr 1810 abgebrochen wurde, kam die künstlerische Arbeit vom Leprosen-Hans in die Krankenhaus-Kapelle hinter die Lourdesstatue auf der rechten Seite.

## „Flößermadonna"

Tagelang waren die Isar- und Loisachflößer bei ihren Donaufahrten auf dem Wasser unterwegs und fern der Lieben. Die häusliche Gemütlichkeit auf dem Floß beschränkte sich auf die kleine Bretterhütte mit Kochstelle, worauf einer von ihnen Ochsenfleisch, Zunge oder Geräuchertes als warme Mahlzeit bereitete. Nachts schliefen sie auf Stroh. Waren die Tage lang, konnte von morgens um drei Uhr bis abends um acht oder neun Uhr gefahren werden. Bis Wien dauerte es dann „nur" sechs Tage. Wurden die Nächte länger, mußten sie acht bis neun Tage flößen.

Mancher von ihnen nahm auf die weite Fahrt einen Reisealtar mit. Er durfte nicht besonders groß und schwer sein, denn vom Ziel weg mußte er mit dem übrigen Handgepäck wieder in die Heimat zurückgetragen werden. Form und Größe gleichen etwa einer abgerundeten tragbaren Laterne, robust aus Holz gearbeitet und mit Blech abgedeckt. An einem Nagel konnte er auf dem Floß in der Hütte aufgehängt werden. Beim Öffnen des Altars zeigt sich ein liebevoll gestalteter kleiner Sakralraum, in dem sich religiöse Symbole, geschmückt mit winzigen Trockenblumen und Kunstwerk, auf engstem Raum drängen. Darin zierliche Marienfigürchen von unterschiedlicher Gestalt.

Der Jungfrau Maria brachten die Flößer von jeher große Verehrung entgegen, zur Muttergottes beteten sie schon als Kinder, und die Marienfeste im katholischen Kirchenjahr waren die zahlreichsten. An den Häusern ihrer Heimat zierten Muttergottesfiguren und Fresken die Mauern, wobei am häufigsten auf die Darstellung der Maria-Hilf-Madonna aus Passau zu treffen war.

Bei ihren Fernreisen fanden die Flößer aus dem Isarwinkel das Vertraute ihrer Heimat wieder, wenn sich das Floß auf der Donau der Stadt Passau näherte. Droben auf dem rechten Hügel lag der liebliche Wallfahrtsort Mariahilf mit dem ihnen bekannten Muttergottesbild. Bei diesem Anblick und angesichts der noch auf sie zukommenden Gefahren wird wohl jeder Flößer ein „Gegrüßt seist Du Maria voll der Gnaden" oder wenigstens den kurzen Anruf „Maria hilf!" gebetet haben. Als „Flößer-Madonna" wurde die Muttergottes von Mariahilf ob Passau bei den Floßleuten verehrt, weiß Hans Greither in seinem Artikel „Die Isarflößer: das unromantische Ende einer stolzen Tradition", 1976, zu berichten. Nach langen Reisen wallfahrteten sie nach Passau zurück und erklommen die gedeckte Stiege mit über 300 Stufen, die vom Ort hinauf zum Gnadenbild führte. Hier dankten sie, wenn es nötig war, oder trugen ein persönliches Anliegen vor.

Die ansprechende Mariendarstellung hat Lukas Cranach d. Ä. (1472–1553) als kursächsischer Hofmaler auf eine kleine Holztafel gemalt, als er noch katholischen Glaubens war. Es gilt als eines seiner besten religiösen Werke. Er hat die Muttergottes als zarte liebreizende junge Frau dargestellt, mit langem rot-blonden Haar. Im rechten Arm hält sie das nackte Jesuskind, welches innig die Nähe seiner Mutter sucht und unter ihrem hauchzarten über den Kopf gezogenen Schleier findet. Eine einfühlsame Szene zwischen Mutter und Kind.

Fürstbischof Erzherzog Leopold von Österreich brachte das Bild als selbst gewähltes Gastgeschenk vom sächsischen Kurfürsten Johann Georg im Jahre 1611 nach Passau. Auch der damalige Domdekan Marquard Freiherr von Schwendi war von der warmherzigen Darstellung sehr angetan. Er bat den Fürstbischof um Erlaubnis, das Original durch Hofmaler Pius nachgestalten zu lassen, welcher die Kopie ein wenig größer malte. Das Originalgemälde nahm jedoch Erzherzog Leopold mit nach Innsbruck, als er Landesfürst von Tirol wurde.

Eine Vision, die Domdekan von Schwendi mehrmals heimsuchte, sagte ihm, daß die Mutter Gottes auf der Höhe des Berges von Passau ein Heiligtum wünschte. „Vielmahlen (hat er) an den Samstag-Nächten und der allerseligsten Jungfrau Mariae-Fest-Abend sehr lieblich, und mehr englisch als menschliche Musicas sowohl Vocales als Instrumentales auf dem Berg gehöret, Einstmahls auch die glorwürdigste Jungfrau und Mutter Gottes Maria mit vielen adeligen Jungfrauen begleitet, in großem Glanz und Herrlichkeit auf den Inn-Strom bis unterhalb der Brücken abfahrend, und alsdann wiederum verschwindend gesehen."

Im Jahre 1622 ließ er deshalb eine Holzkapelle für das Marienbild auf der Höhe des Berges errichten, weihte den Wallfahrtsort der Muttergottes und gab ihm, bezogen auf die herrschende Zeit des 30jährigen Krieges und der Schwarzen Pest, den Namen Mariahilf.

Bald schon konnte die Kapelle die Scharen der Pilger nicht mehr aufnehmen, die eine „Stiegenwallfahrt" von der Stadt aus hinauf auf den Hügel zum Gnadenbild unternahmen. Schwendi stiftete eine neue Kirche aus Stein und übertrug die geistliche Betreuung der Wallfahrer den Kapuzinermönchen. Mit 10 000 Pilgern, welche die heilige Kommunion empfangen hatten, begann die Wallfahrt in Mariahilf. Sie erreichte ihren Höhepunkt mit 125 000 kommunizierenden Christen im Jahre 1738. Die Mönche hatten große Seelsorgearbeit zu leisten, denn früher mußte vor Empfang der geweihten Hostie von jedem die Beichte abgelegt werden. Wallfahrer aus Bayern, Österreich, Böhmen, Oberitalien, Ungarn, vom Unterrhein machten sich auf zur Mariahilf-Wallfahrt. Die Mirakelbücher und Votivgaben auch der Flößer bewiesen das Hilfsreichtum der Muttergottes und „Flößermadonna" mit den Worten: Maria hat geholfen!

Die von Flößern verehrte Madonna in Maria Hilf ob Passau

# Wasserprozession in Plattling

Jeden Donnerstag früh um halb 7 Uhr ging von Georgi (April) bis Michaeli (Oktober) das sogenannte Wochenfloß von München nach Plattling, dem letzten an der grünen Isar gelegenen Ort, bevor sie in Isarmünd vom breiten Strom der blauen Donau aufgenommen wird. Eine Fahrt im Jahre 1804 von München bis Plattling kostete die Mitfahrer 50 Kreuzer, ein günstiger Preis, der über Jahre gleichblieb. Mit Errichtung der Zugverbindung ins Niederbayerische wurde das Wochenfloß uninteressant. Plattling entwickelte sich zum Eisenbahnknotenpunkt.

Wie in vielen Orten an Flußmündungen hatten auch die Bewohner von „Pledeling", so hieß es seit der Besiedlung im 9. Jahrhundert durch die Bajuwaren, unter verheerenden Überschwemmungen bei Hochwasser zu leiden. Die durch Schneeschmelze oder Regen antosenden, ungebändigten Wassermassen der Isar verursachten mit jedem Mal unheilvolle Schäden, so daß die Bürger in ständiger Angst vor einer neuen Naturkatastrophe lebten.

Besonders betroffene Berufsstände wie Flößer, Fischer, Müller, Wasserbauarbeiter, die mit ihrer Arbeit vom Fluß abhängig waren, schlossen sich deshalb zu einer Gemeinschaft zusammen, die sie unter den Schutz von St. Johannes Nepomuk stellten. Einmal im Jahr fuhren sie die Statue des Heiligen zum Dank für Abwendung von Gefahren der Isar auf einer mit Tannengrün geschmückten Plätte den Fluß hinab.

Als sich weitere Bürger von Plattling der Gemeinschaft angeschlossen hatten, kam es im April 1864 zur Gründung des St.-Johann-von-Nepomuk-Vereins. Der jährliche Namenstag des Schutzpatrons wurde nun mit festlichem Gottesdienst, Festzug und einem gemeinsamen Festmahl gefeiert. Das herausragende Ereignis aber blieb die Wasserfahrt auf der Isar.

10 Jahre nach dem 1. Weltkrieg (1914–18) lebte der Brauch religiösen Ursprungs wieder auf. Ein Mitglied des St.-Johann-Nepomuk-Vereins hielt die Wasserfahrt im Jahre 1928 schriftlich fest:

„Ab 7 Uhr abends bewegten sich große Menschenmassen der Isarbrücke zu. Ganz Plattling war auf den Beinen. Vor der Brücke gab es ein ‚Eintrittsblümchen' zu lösen, und dann suchte jedes, daß es ein Plätzchen zu glücklichem Ausguck erwischen konnte, denn man mußte unbeweglich stehen bleiben und der Dinge harren, die da kommen.

Allmählich senkte sich die Sonne tiefer, und die Dämmerung trat ein. Da! Ein Kanonenschuß, und schon flimmerten an der obersten Flußbiegung auf den Wellen die

ersten Lichtlein auf. Sie kamen näher und näher, viele kleine Lichtlein, den ganzen Wasserspiegel beleuchtend. Wieder ein Schuß – die Feuerkörbe an den beiden Ufern flammten auf. Der Feuerschein beleuchtete die ganzen Ufer und strahlte von der Wasserfläche zurück. Leicht und langsam glitten die Kähne mit ihren bunten Lampions über die Isar herab. Raketen stiegen in hohem Bogen empor und lösten sich in Blumen, Strahlen oder Sterne auf. Die Zuschauer waren in Staunen versunken ob der Pracht.
Plötzlich vernahm man leise, dann näher und näher rauschende Musikklänge. Es nahte der letzte Kahn, das Hauptschiff (mit der Figur St. Johannes Nepomuk), jubelnd gegrüßt auch von den als Empfangsgarde aufgestellten fahnentragenden Knaben und weißgekleideten Mädchen. Leuchtender Sprühregen ergoß sich vom Feuerwerk des angelegten Kahnes und erweckte neues Bewundern.
Dann ordnete sich der Festzug, dessen Mittelpunkt die Statue des hl. Johannes von Nepomuk bildete. In der kleinen kapellenartigen Nische, mit einem Kranz von 100 elektrischen Birnen geschmückt, wurde dieselbe wieder eingeschlossen. Nun ging es vorbei am lichterstahlenden Maibaum und zurück zum Vereinslokal."
Heute noch wird in Plattling das Lichterschwemmen und die Wasserprozession mit der fast lebensgroßen Nepomuk-Figur im Turnus von zwei Jahren durchgeführt. Es hat sich gezeigt, daß es der Isar trotz Flußkorrektion und Hochwasserdämmen gelegentlich gelingt, die Ufer zu überschreiten. Heiliger Johannes Nepomuk, bayerischer Landespatron, bitt für uns!

# Ein Vaterunser von den Holzbettlern

Zu Hochwasserzeiten schwoll die Isar zum gewaltigen Wildfluß an, der die Ufer rücksichtslos übertrat und die tieferliegenden Orte ohne Gnade überschwemmte. Alles, was an den Ufern nicht richtig fest saß, riß sie mit sich. Zweige, Äste, entwurzelte Sträucher, Wurzelstöcke wurden talwärts geschwemmt, bis sie am ausgetretenen Flußrand hängenblieben oder sich in den Schleusen verfingen. Doch sobald der Wasserstand wieder sank, waren die Holzsammler unterwegs und freuten sich über das Brennmaterial, das ihnen Isaria gratis geliefert hatte. Es brauchte nur noch getrocknet zu werden, und der Ofen wärmte die Stube.
Nach der Flußkorrektion blieben Überschwemmungskatastrophen aus, doch mit dem gelblich schäumenden Hochwasser kam weiterhin allerlei Brennbares auf schnellem Weg die Isar heruntergeschwommen.
Zu allen Zeiten gab es ärmere Menschen, die dankbar dafür waren, weil das Geld nur für das Nötigste reichte. Sie gehörten aber auch zum typischen Erscheinungsbild entlang dem Isarufer, wo Holztransporte von Lenggries, Tölz oder Wolfratshausen auf dem Wasser unterwegs waren. Dort standen sie in kleinen Gruppen und erhofften sich von den vorbeifahrenden Flößen ein paar Holzscheite, und die Flößer zeigten sich im Verteilen von Holzabfällen nicht kleinlich. Regelmäßig warteten deshalb die sogenannten Holzbettler an günstigen Plätzen auf die Flöße aus dem Oberland.
Ein solcher Platz war bei dem Brückerl nach Hinterbrühl, einer der besten Standorte überhaupt, weil gleich dahinter der Holztransport an der Zentralände in Thalkirchen endete. Es kam regelrecht zum Platzneid unter den Wartenden, und mit der von ihnen praktizierten Hierarchie, wer wo stehen durfte, waren längst nicht alle einverstanden. Besser situierte Personen oder deren Kinder, da war man sich einig, hatten hier nichts zu suchen. Doch der Ärger war plötzlich wie weggezaubert, sobald nur einer rief: „Jetzt kummt d'Wellen! – Jetzt kummt s'Floß!" Sofort begannen alle zu beten – ein Vaterunser nach dem anderen – lautstark, versteht sich, damit es die Flößer recht gut hören konnten. Die urigen Männer auf dem Floß schätzten das sehr und verlangten manchmal sogar, daß noch lauter gebetet wird, denn um eine Fürsprach' der Holzbettler beim Vater im Himmel waren sie immer dankbar bei ihrer gefährlichen Arbeit auf dem Wasser.
Zur Belohnung warfen die Flößer den betenden Bettlern Holzstücke an das Ufer hinüber. Weil anschließend die Fahrt zu Ende war, fielen die Gaben der Flößer besonders großzügig aus. Sogar das „kleine Fußstegl", welches während der Fahrt zum

Gegenstemmen beim Rudern auf dem Floß gebraucht wurde, opferten sie noch, damit es ein Holzbettler verheizen konnte. Glücklich, wer ein Heuwagerl sein eigen nennen konnte! Da paßte natürlich viel hinein, und die Holzlege zu Hause war schneller aufgefüllt.

Doch unter den Floßleuten soll es auch einige ganz schlimme gegeben haben, die sich versündigten und den betenden Holzbettlern zuriefen: „Fluacht's liaba!" Aber das waren die wirklichen Ausnahmen, denn mit dem Himmel verscherzte es sich kein echter Flößer.

Viel Verständnis zeigten die Floßmeister, wenn sie sahen, daß eine fleißige Person ihren Lebensunterhalt ein wenig aufbessern wollte. Da ließ sich schnell eine kleine bezahlte Beschäftigung finden. Für Jakob Vollmann bestand sie darin, daß er die beim Auseinandernehmen des Floßes auf einen Haufen zusammengeworfenen Drahtschlingen und Eisenkeile entwirren durfte. Die Schlingen wurden von ihm an einem Drahtstück aufgehängt und mit der Adresse des Floßmeisters versehen. Die Eisenkeile kamen in eine Kiste, die mit den Anfangsbuchstaben des Floßmeisters gekennzeichnet war. Bei der Sortierarbeit half dem Vater seine jüngste Tochter Anna, solange sie noch zur Schule ging. Und am Sonntag ging das brave Maderl der Mutter zur Hand, wenn die Vergnügungsflöße in Thalkirchen ankamen. Gemeinsam luden sie die leergetrunkenen Bierfässer auf ihren großen Leiterwagen mit Eisenrädern. 4 bis 5 Stück hatten Platz. Dann zogen sie ihn zum nahe gelegenen Bahnhof und stellten die Fässer mit Angabe des Bestimmungsortes in den Lagerraum. Für alles weitere sorgte die Bahn.

An der rauhen aber herzlichen Art der Flößer muß es wohl gelegen sein, daß ihre „Rass'" bei den meisten Bürgern in Thalkirchen gut ankam. Manche Floßmeister kannte man sogar mit Namen – den Willibald und den Taubenberger aus Lenggries, ebenso den Seitner aus Wolfratshausen. „Der Taubenberger war a kloans Manderl. Und der Seitner war aa a kloans zünftig's Manderl", erinnert sich Mathilde Stecher mit ihren 73 Jahren.

Seit ihrer Geburt wohnt sie und ihre 92 Jahre alte Tante in Maria Einsiedel und später Thalkirchen. Wie so viele der Kinder von damals kraxelte sie verbotenerweise über die aufgeganterten Holzberge an der nahen Floßlände. Ihr Schultaferl putzte sie am freien Brunnen auf dem Gelände des Isartalbahnhofs Maria Einsiedel, „wo d'Leut aa d'Wäsch g'schwoabt ham." Manchmal besuchte sie in der Ländinspektion, heute Zentralländstraße 36, den Sekretär Jäger, zu dessen Büroräume im Parterre mehrere Steinstufen hinaufführten. Eine verwilderte Wiese davor lud zum Spielen ein, und im Herbst schossen dort die Schopftintlinge hervor, begehrte Schwammerl, die in Butter und Petersilie gedünstet, Abwechslung auf den Speiseplan der Thalkirchner brachten.

Stolz ist Mathilde Stecher immer noch, daß ihr Vater im Jahre 1919 bei der Fronleichnamsprozession die Flößerfahne von Thalkirchen tragen durfte, welche sich – solange sie zurückdenken kann – immer in der Kirche befand. Auch die Mutter hatte in der Wallfahrtskirche St. Maria Thalkirchen als Schulmädchen ein besonderes Amt inne, sie durfte den Blasebalg der alten Barockorgel treten. Seit dem Jahre 1907 befindet sich das kostbare Stück in der Musikinstrumentenabteilung des Deutschen Museums in München als eine der ältesten, weitgehend im Originalzustand erhaltenen Orgeln Süddeutschlands.

Holzbettler an der Isar

# Eine neue Flößer-Ära beginnt

## Sonntagsvergnügen bei den Ausflugsflößen

Nachdem der Floßbetrieb dem Gesichtsfeld der Stadtbewohner Münchens gänzlich entzogen war, entdeckten sie alsbald die Zentrallände in Maria Einsiedel als ihr neues sommerliches Ausflugsziel. In einer Stunde Wegzeit konnte sie bequem erreicht werden. Familien mit Kind und Kegel, junge Burschen und Mädchen spazierten durch die Isarauen hinaus in den Münchner Süden, um sich beim Schauspiel der ankommenden Passagierflöße ein wenig zu amüsieren. Doch auch Ortsfremde und Bürger aus der Gegend, die nach dem Kirchgang herüberkamen, waren gleichermaßen angezogen von der Attraktion.

Bis die Ausflugsflöße auf der Isar ankamen, bot die idyllische Umgebung in Maria Einsiedel für jeden Platz zur Erholung, Muse, Spiel und Kurzweil. Am frühen Nachmittag war es dann soweit, daß sich die ersten Baumstammschiffe dem Floßkanal in Hinterbrühl näherten. Die Zuschauer am Ufer erwarteten sie schon sehnsüchtig und begrüßten sie mit Winken und Zurufen. Besonders viele Menschen standen bei der Gefällschleuse, denn es war ein Riesenspaß, wenn beim Passieren der Schleuse das gischtende Wasser aufs Floß drängte und die Teilnehmer der Fahrt unweigerlich naßgespritzt wurden. Besser situierte Herrschaften konnten die Gaudi vom „Logenplatz" aus betrachten, im hochgelegenen schattigen Biergarten der am Floßkanal gelegenen Gastwirtschaft „Hinterbrühl".

Diese Einkehr bevorzugten auch die Flößer. Seit 1904 war sie im Besitz der Familie Kuchenbaur, der es offensichtlich gelungen war, in ihrer Gaststube den Flößern eine heimatliche Atmosphäre zu schaffen. Die Männer aus dem Isarwinkel revanchierten sich ihrerseits mit einem geschnitzten Floßmodell, das über dem Stammtisch aufgehängt wurde und einem Floßfahrplan aus Holz, der originalgetreu dem Floßfahrplan für Ordinari-Fahrten von 1835 nachgestaltet war.

Daß die Kuchenbaurs als „Münchner Prominenz" auch zum jährlichen Flößerball nach Lenggries eingeladen wurden, zeugt von der großen Wertschätzung der Flößer, die bei ihren eigenen Veranstaltungen immer unter sich bleiben wollten.

Doch auf den Ausflugsflößen war das wieder etwas anderes. Da hatten die lustigen Kerle selbst den größten Spaß daran, wenn die Gesellschaft gut gelaunt und munter war. Und wenn nicht, dann halfen sie eben mit ihrer spitzbübischen Art ein wenig nach, oder sie sangen ein „Liadl" und forderten zum Mitsingen auf.

Ein weiterer Standort, an dem die wartenden Sonntagsspaziergänger voll auf ihre Kosten kamen, lag kurz vor der Einfahrt zur Zentrallände, an dem Brückerl über dem Floßkanal. Die Flößer riefen jedesmal „Kopf einziag'n, Leit!", woraufhin sich die gesamte Floßgesellschaft gleichzeitig kleinbuckelte, was ungemein erheiternd auf die Zuschauer wirkte.

Nach dem Anländen gingen die Fahrgäste gut gelaunt vom Floß, und manche verteilten in bester Stimmung kleine Geldmünzen an die Schaulustigen. Die beschwingte Laune griff auf alle über, das Leben zeigte sich von der heitersten Seite.

Der sonntägliche Floßverkehr kam einerseits von Tölz an der Isar und andererseits von Wolfratshausen an der Loisach. Die im Jahre 1891 eröffnete Isartalbahn München–Wolfratshausen hat das Ihrige dazu beigetragen, daß ein kombinierter Ausflug mit dem

Blick auf die sonntäglichen Floßfahrer

Zug isaraufwärts und dem Floß zurück isarabwärts zum beliebten Vergnügen wurde, das sich vormals nur wenige leisten konnten. Zumeist waren es die farbentragenden Studenten mit Angehörigen und Professoren, welche sich ein bestandenes Examen etwas kosten ließen.

Wenn solche Flöße an der Zentrallände ankamen, dann wußten die Kinder von Maria Einsiedel schon, daß sich jetzt eines von ihnen gleich ein Fünferl verdienen konnte. Die Herren Studenten wollten immer wissen, wer am schnellsten laufen konnte, und boten dem Sieger des Wettlaufs das Geldstück als Preis. Anni Gerbl, deren Großvater Bürgermeister von Thalkirchen war, hatte schnelle Beine, und so konnte sie sich manchmal um ein Fünferl beim Kramerladen Brunhofer überm Bahngleis den heißgeliebten Waffelbruch kaufen.

Im Jahre 1910 kamen 51 Passagierflöße mit etwa 2000 Personen an der Zentrallände an, 1912 waren es bereits 69. Jedes Ausflugsfloß bedurfte einer Genehmigung, denn nach der Ländordnung war das „Hieherbringen von Flößen an Sonn- und Feiertagen" verboten. Die Ländgebühren waren selbstverständlich um ein Vielfaches höher als am Werktag.

Floßfahrten begannen auch für die Hapag, Hamburg-Amerikanische Packetfahrt-Actien Gesellschaft, interessant zu werden. Erfolglos bemühte sie sich um das Monopol auf den grünen Isarwellen. From America über den Ozean nach Bavaria inklusive a Floßfahrt on the Isar-River – ja, da hätte die Isar geschäumt!

Im Dritten Reich wurden die Vergnügungsfloßfahrten kräftig angekurbelt. Die Ländgebühren hierfür wurden gesenkt. Hitlers Organisation nach dem Motto „Kraft durch Freude" führte als besondere Attraktion Floßfahrten auf der Isar durch. Für einen Urlaub in Oberbayern, dem wichtigsten Ferienland, entstand ein Propaganda-Film.

Gleichzeitig zogen die ersten dunklen Wolken am weißblauen Himmel auf. Verbände und Vereine wurden aufgelöst, Aufzeichnungen und Erzählungen nahmen eine andere Färbung an, Menschen verstummten jäh. Bis zum Ausbruch des Krieges dauerte es nicht mehr lange. Nur mehr 608 Flöße legten 1936 in München an. Die jungen Flößer wurden eingezogen – bei den Pionieren und Infanteristen fanden sie sich wieder.

Im Jahr des Kriegsausbruchs 1939 ließ München die Isarflößer künstlerisch durch die überlebensgroße Bronzefigur des Bildhauers Fritz Koelle würdigen. An der Abzweigung des Floßkanals in Hinterbrühl erhielt das Denkmal seinen Platz. Auf Nagelfluhquadern stand der riesige stilisierte Flößer in hohen Schaftstiefeln, langem Kittel und der geschulterten Axt, den Blick bangend in die Zukunft hinauf ins Isartal gerichtet . . .

# Außerordentliche Energienot nach Kriegsende

In den Notjahren nach dem Krieg, als jeder nach Existenzmöglichkeiten suchte, mußten sich auch die Floßleute nach einem „zweiten Standbein" umschauen. Die Geschäfte liefen schlecht, und nur spärlich gab es Aufträge für Holztransporte. Zwar hatten die meisten von ihnen eine kleine Landwirtschaft für den persönlichen Bedarf, ein „Sacherl", aber für den Lebensunterhalt reichte das bei weitem nicht aus. So arbeiteten sie zusätzlich in dem Floßhandwerk verwandten Berufen. Wenn zwischendurch ein Floßtransport auszuführen war, nahmen sie sich frei. Gerade in dieser Zeit begann sich ein neues Kapitel der Flößergeschichte zu schreiben: Der Kampf um den Rißbach – um den für die Flößer lebenswichtig gewordenen Wildbach, der bei Vorderriß in das verlassene Isarbett einmündete und mit seinem Wasser von hier ab wieder eine regelmäßige Flößerei garantierte. Doch wegen der außerordentlichen Energienot nach Kriegsende sollte das Rißbach-Wasser aus dem Karwendel zur verstärkten Energiegewinnung dem Walchenseekraftwerk für die Landeselektrizität zugeführt werden. „Trotz früheren hoch, heiligen Versprechen, daß dies niemals geschehen würde."
Für die Flößer bedeutete das die Entziehung eines Teils ihrer Erwerbsgrundlage durch den Wasserraub; das Flößen von Vorderriß bis nach Lenggries war dadurch in Zukunft ausgeschlossen. Heftiger Widerstand im Isarwinkel brach aus. Mit Protest-Spruchbändern fuhren die Flößer auf der Isar nach München herunter und machten sich vor dem Bayerischen Landtag bemerkbar. Aber auch Naturschützer meldeten ernsthafte Bedenken an, denn deutlich traten die nachteiligen Folgen eines Wasserentzugs im verlandeten Flußbett des Oberen Isartals in Erscheinung, wo die Isar in Krün bereits seit 1924 zum Walchenseekraftwerk abgeleitet wurde. Ebenso trieben Befürchtungen, die Wasserversorgung könne zum Erliegen kommen, die Menschen des Isarwinkels zu leidenschaftlichem Widerspruch. Zumindest auf diesem Gebiet konnte ein Teilerfolg errungen werden. Die Bayernwerk AG erhielt die Bedingung, einen Wasserspeicher zu errichten, der so anzulegen ist, daß eine ausreichende Wasserführung zum Isarbett gesichert ist.
Die Flößer aber führten einen aussichtslosen Kampf um ihr gefährdetes Gewerbe gegen die Bayerische Staatsregierung. Sie erhielten durch die Bayernwerke AG kurz nach der Währungsumstellung im Jahre 1948 eine finanzielle Abfindung, mit der sie nicht zufrieden waren; das Rißbach-Projekt kam von 1949–51 zur Ausführung. Der 3,6 km lange Grasbergstollen und der 3,3 km lange Hochkopfstollen entstanden und wurden durch einen Düker unter der Isar verbunden. Bei Vorderriß führt die Rißbach-

Überleitung *unter* der Isar hindurch zu den Isarbergen hinüber, bis zum im Jahre 1951 in Betrieb genommenen Niedernach-Kraftwerk und weiter zum Walchensee.

Schließlich wurde auch noch das restliche Wasser der oberen Isar und zwei ihrer Zuflüsse in einem künstlichen Hochwasserspeicher gesammelt. In den Jahren 1954–59 entstand an der engsten Stelle des Isartals der 5,5 km² große Sylvenstein-Stausee, der bei Schneeschmelze die andrängenden Wasserfluten speichert und in trockenen Zeiten Speicherwasser abgibt. Bereits im Juni 1959 bestand er seine erste wichtige Bewährungsprobe, als er bei einem katastrophalen Hochwasser an die 40 Mill. m³ Wasser zurückhielt. Das am Fuße des Staudamms liegende Kavernenkraftwerk wird für die Energieerzeugung genutzt und erbringt eine jährliche Stromleistung von etwa 18 Millionen kWh.

Unter der über den Stausee führenden 400 m langen Autobrücke auf Hochpfeilern befand sich einst die Faller Klamm, eine Enge mit turmhohen Felsblöcken und Wasserfall, die bei den Flößern gefürchtet war und als gefährlichste Strecke der Isarfloßfahrt galt. Auch das Dorf Fall mit 140 Einwohnern lag hier unten im Talboden und wurde im Jahre 1959 durch das Aufstauen des Wassers überflutet. Mit Unterwassersprengung wurden die Gebäude zerstört. Die Menschen des untergegangenen Dorfes erhielten ein neues, modernes Zuhause auf einem Schuttkegel, der 10 m über dem höchsten Stauziel liegt und den Namen „Neufall" erhielt. Mittlerweile hatte auch Bad Tölz zur Energiegewinnung auf die Isar zurückgegriffen und errichtete für die örtliche Stromversorgung Stausee und Elektrizitätswerk.

Mit der Isarflößerei war es nunmehr von ganz oben bei Scharnitz bis hinunter bei Lenggries im Winkel vorbei. Ein Blick auf den Floßverkehr nach dem Krieg zeigt aber auch, daß ein inzwischen gut ausgebautes Straßennetz sowie die zunehmende Motorisierung die Transportfloßfahrt ins Abseits gedrängt hatten. Im Jahre 1949 ländeten 144 Flöße in München an, wovon die Hälfte schon Ausflugsflöße ausmachten. 1954 kamen 18 Flöße zur Zentrallände, darunter jedoch nur noch 1 Holztransport. 1957 waren es ausschließlich Ausflugsflöße, nämlich 34, die gezählt wurden, 99 Flöße im Jahre 1960.

„Diese Fahrten erfreuen sich seit jüngster Zeit immer grösserer Beliebtheit. Von Seite der Aufsichtsbehörde und Wasserwirtschaftsämter wäre daher mehr Verständnis und Entgegenkommen für diese Restflösserei dringend geboten. Diesem Gebot Nachdruck verleihen zu helfen, hat sich der Unterzeichnete bereit erklärt, auf Ersuchen der Flösserei Interessenten sich erneut als deren Vertreter zur Verfügung zu stellen." Franz Xaver Taubenberger stellte sich bis an sein Lebensende in den Dienst der geliebten Flößerei. Selbst ein ehemaliger Floßmeister, amtierte er seit 1948 als Bürgermeister in Lenggries.

Verantwortungsbewußt ging er an die Neuregelung einer Floßordnung heran, angesichts der steigenden Tendenz zu Ausflugsfahrten. Auflagen des Wasserwirtschaftsamtes, der Isar-Amperwerke und Vorschläge der Flößer unterzog er einer gründlichen Prüfung im Hinblick auf die Sicherheit der Fahrgäste. Auf Ablehnung stieß der Vorschlag seitens der Genehmigungsbehörde, Diagonalhölzer zum Floßbauen zu verwenden, ebenso das vom Wasserwirtschaftsamt vorgeschlagene Podium auf dem Floß mit Geländer und absperrbarer Tür beim Eingang. „Mir kenna doch d'Leit net in aan Hehnastoi sperr'n", hieß es damals bei den Flößern. „Auch die Länge der Flösse bedarf einer Korrektur und zwar muß es statt 18 m mindestens 21 m heißen, denn man kann doch nicht verlangen, dass ein schönes 70 ger (Floß) der sich besonders gut für Passagierflösse eignet, abgeschnitten werden muß, weil die Flossordnung nur von 18 m spricht."

Übertrieben hielten die Flößer das zusätzliche Mitführen von Seilen, Ketten und Rettungsringen bei den Ausflugsfahrten, weil ein Ländseil sowieso auf jedem Floß zur Ausrüstung gehörte.

Wert legten sie dagegen auf die Qualifikation der Männer, die ein Floß führen durften. Mit dem Bescheid des Wasserwirtschaftsamts vom Mai 1964, in dem nur ein geeigneter „Flößer" gefordert wurde, waren sie deshalb nicht einverstanden:

„Ziffer 8 sollte dahingehend abgeändert werden, daß der Schwerpunkt auf einen geeigneten ‚Floßführer' gelegt wird, dem man sozusagen als Kapitän die Verantwortung für die Sicherheit der Fahrgäste anvertrauen kann. Dieser Floßführer hat nicht nur für geeignete Beifahrer zu sorgen, sondern er muß sich auch über die Sicherheit des Flossverbundes, seiner Tragfähigkeit und für das Vorhandensein des notwendigen Zubehörs vor Antritt der Fahrt vergewissern; zudem muß er die Fahrgäste vor Fahrtbeginn über die richtige Verhaltensweise während der Fahrt ausreichend unterrichten."

Die Hauptverantwortung trugen jedoch die aktiven Floßmeister, die ihre Leute zum Floßführer ausbildeten.

Damit bei den Ausflugsfahrten die Fahrgäste nicht gefährdet wurden, erwarteten die Floßmeister ihrerseits vom Wasserwirtschaftsamt die Beseitigung von Hindernissen in der Isar, wie große Steine, oder sonstiger Gefahren. Ebenso sollten die Isar-Amper-Werke, die 1955 durch eine Fusion der Isarwerke und Amperwerke entstanden waren, für ein ungefährliches Passierenkönnen der Floßgassen bei den Schleusen ihrer Kraftwerke sorgen.

# „Renaissance" der Passagierfloßfahrt

Ende der 50er Jahre wurde das zähe Ausharren der Flößer bei ihrem Handwerk trotz verlockender Abfindungsangebote endlich belohnt, als diverse Studentenverbindungen ihre Vorliebe für Ausflugsfahrten mit dem Floß wiederentdeckten. Gerne stifteten zahlungskräftige „alte Herren" der Verbindungen den Jungen aus besonderen Anlässen eine Vergnügungsfloßfahrt. Die lustigen Studentenfahrten kurbelten das Flößereigeschäft ein wenig an. Als in den 60er Jahren Firmen dazu übergingen, Betriebsausflüge auf der Isar abzuhalten, florierte das Geschäft. Begeisterte Mitfahrer warben regelrecht mit schillernden Erzählungen für die Floßfahrt. Beglückt erlebten die Stadtmenschen, während sie auf den behäbigen Stämmen des Floßes langsam die Isar hinuntertrieben, all die Schönheiten des Isartals von Wolfratshausen bis München. Eine 20 km lange Wildflußstrecke wie im Bilderbuch, durch ein von Gletschern geschaffenes Tal, um dessen Erhaltung und Pflege sich der im Jahre 1900 von Gabriel von Seidl gegründete Isartalverein bemüht.
Die Urlandschaft der Pupplinger Au, das Zusammentreffen von Isar und Loisach im Isardelta unterhalb Wolfratshausens, weiße Felsenwände am Hochufer unterhalb Ickings, im Flußbett verbliebene Nagelfluhfelsen aus der Eiszeit, Burgen und Kirchen auf den Höhen der Ufer, Mischwälder in verschiedenstem Grün. – Da stört es nicht mehr, daß sich die meisten Flußkilometer im trägen Isarkanal abspielen. Im Gegenteil, es kommt auch hier zu unvergessenen Abenteuern, wenn die Floßgassen an den Schleusen der Kraftwerke durchfahren werden müssen. Vor allem die erste im Mühltal bleibt lange in Erinnerung. Mit 40 km/h donnert hier das Floß die 360 m lange „Wasserrutsche" hinab. Nach einem Gefälle von 17,5 m tauchen die Floßstämme gischtend in die grüne Isar ein, wobei vom aufschäumenden Wasser ein erfrischender Sprühregen auf die erstaunten Fahrgäste niederfällt. Für die reibungslose Fahrt über die Floßrutsche aus 7 cm dicken Bohlen aus 150jährigem Tannenholz garantieren die Isar-Amper-Werke. Spezialstifte mit extrabreitem Kopf und einer Länge von 24 cm halten die Holzplanken im Rutschbett fest. Die Instandhaltungskosten hierfür verschlingen jährlich bis zu 50 000 DM.
„Wer nicht bis Thalkirchen mit dem Floß gefahren ist, kennt das Isartal nicht", hieß es lange angesichts dieser traumhaften Kulisse der Natur. Immer mehr Menschen waren bereit, das Isartal vom Floß aus zu erkunden, wozu auch die leibliche Stärkung mit Brotzeit und Bier nicht fehlen durfte.

Die heutigen Zahlen von rund 1200 Flößen pro Sommer lassen ahnen, welch lebhafter Verkehr auf dieser einst wichtigen Wasserstraße hinunter zur Donau geherrscht haben muß, als noch 8 000–10 000 Flöße jährlich im 19. Jahrhundert nach München kamen.

Heute betreiben 3 Floßunternehmen das Geschäft. Bis zu 14 Flöße werden an einem Sommer-Wochenende täglich nach München gefahren.

Zwei Betriebe sind in Wolfratshausen an der Loisach ansässig. Der Name Seitner ist dort schon seit dem Jahre 1693 bekannt. Das Flößerhandwerk ging ab 1802 in Erbfolge weiter, und seit 1862 ist der Flößereibetrieb Seitner in Familienbesitz. Die beiden Brüder Franz und Sebastian betreiben nebenberuflich aus Familienehre und Tradition gemeinsam das Unternehmen, auch wenn die Auflagen immer schwieriger werden. Josef Seitner, der Vetter der beiden Brüder, hat einen eigenen Betrieb und lebt hauptberuflich von der Flößerei. Großvater Seitner war bereits im Jahre 1840 Mitglied der Wolfratshauser Flößerzunft und Mitbegründer des Flößer-Unterstützungsvereins. Beide Floßunternehmen haben ihre Abfahrtsstelle an der Loisach-Lände in Weidach.

Fehlt noch der Dritte im Bunde, Michael Angermeier aus Arzbach (Bad Tölz) dessen Vorfahren ebenfalls durch Generationen im Floßhandwerk beschäftigt waren. Seit 1972 ist der Betrieb selbständig. Der „letzte Isarflößer" baut wegen ständigen Wassermangels durch Sylvensteinspeicher und Tölzer Stausee seine Flöße in Wolfratshausen zusammen. Als Isarflößer befindet sich seine Abfahrtsstelle deshalb an der Marienbrücke an der Isar.

Wer den Flößern vom Isarufer aus bei der Arbeit auf dem „Vergnügungs"floß zuschaut, ist schnell geneigt, die Mannsbilder am Ruder mit der lustigen Gruppe am Floß zu identifizieren. Doch wer selbst mit ihnen die Isar hinunterfährt, spürt genau die Eigenheit der Flößer und ihr Vertrautsein mit Wasser und Natur. „Immer schaug'n wia's Wassa rinnt." Wer Glück hat, den lassen sie an einem ungefährlichen Abschnitt im Isarkanal seine Muskelstärke beim „Eintauchen" mit dem 7 m langen Holzruder beweisen. Und so manches wird der Flößer während der achtstündigen Fahrt durchs wildromantische Isartal erzählen, Lustiges, Spannendes und Informatives. Aber wenn er mit Schalk in den Augen sagt, daß vor München eine Kette über die Isar gespannt ist, die erst durchgebissen werden muß, so wird man vergebens danach suchen.

Nach Dienstschluß haben auch die Flößer ihr Privatleben, das während der Sommerzeit kaum Stunden für die Familie läßt. Von früh bis spät dreht sich alles um „den Floß", der im Isarwinkler Sprachgebrauch männliches Geschlecht hat. Frühmorgens Floßbauen, tagsüber Floßfahren, abends Floßstämme zurückbringen – ergibt eine tägliche

Arbeitszeit von 14 Stunden. Die anstrengende Saison dauert von Mai bis September. Nicht umsonst kennen die Flößerfrauen immer noch den alten Spruch:

>Im Somma koan Mo',
>im Winta koa Geld!

Doch durch den Zusammenhalt der ganzen Familie läßt sich vieles leichter ertragen, und neben Kindern, Haushalt und Garten werden bei Bedarf Telefondienst, Service und Abholdienst übernommen. Mit einem offenen Ohr für alle Nöte und einer Brotzeit für die heimkehrenden Flößer ist sie das Herz der Familie.

Die letzte Fahrt in jedem Jahr gehört jedoch den Flößern selbst. „Eisfahrt" wird sie genannt, weil früher das letzte Floß vor dem Zufrieren der Isar gefahren wurde. Schon seit Beginn der Gesellschaftsfahrten gibt es diesen Brauch. Jeder Flößereibetrieb gestaltet die Fahrt für sich, lädt Frauen und Freundinnen der Flößer sowie verdiente Gäste ein. Auf dem geschmückten Eisfloß fahren sie nach München und freuen sich über das familiäre Beisammensein. Nach Ankunft an der Lände in Thalkirchen bleiben die Flöße diesmal angehängt im Wasser liegen, um am nächsten Tag an Holzhändler vom Oberland verkauft zu werden. Die Flößer und Lastwagenfahrer aber sind nach der Eisfahrt noch vom Floßmeister und seiner Familie ins eigene Haus oder Gasthaus geladen, wo Rückschau auf das Vergangene gehalten wird und der Abend mit einem schönen Festmahl ausklingt.

An der Zentrallände

# Zur Flößermesse ins Mühltal

Wenn im Sommer nach Durchfahren des Ickinger Kanals um die Mittagszeit die ersten Ausflugsflöße für die Zwischenpause in Mühltal „zuafahr'n", ahnen die am Kanalufer aussteigenden Floßfahrer nicht, daß sie sich an einem „Wallfahrtsort" der Flößer befinden. Aufgeklärt werden sie darüber nicht, denn in der Preisgabe von persönlichen Angelegenheiten sind die Flößer sehr eigen. „Do san ma boarisch und do lass' ma uns net nei'schaug'n!" So besichtigen die meisten der Floßausflügler die imposanten Außenanlagen des 1924 in Betrieb genommenen Wasserkraftwerks der Isar-Amper-Werke oder kehren gleich in die Schankwirtschaft „Zur Mühle" ein. Das jahrhundertealte ehemalige Wohnhaus des Hoißl-Müllers befindet sich heute ebenfalls im Besitz des Stromversorgungsunternehmens. Vielleicht besuchen einige der Ausflügler auch die schmucke St. Ulrichskapelle im Waldwinkel des Mühltals, bevor sie wieder aufs Floß steigen und die Fahrt in rasantem Tempo über Europas längste Floßrutsch'n beim Kraftwerk fortsetzen.

Doch daß die Flößer einmal im Jahr ins historische Mühltal zu dieser Kapelle pilgern und zusammen mit ihren Angehörigen „um ein gutes Runterkommen auf der Isar" bitten, blieb den Ausflüglern verborgen.

Die Kapelle wurde im Jahre 1587 vom gottgefälligen Simon Vischbacher gestiftet „Gott zu Lob sein gewesten hausfrauen Margret Langin/Elisabet Sattlerin und Margarrtha Reißin iren ehelichen leibserben zu einem ewigen gdechtnis". Eine weitere Urkunde aus dem Jahre 1617 bezeugt, daß die alte Kapelle im Auftrag des Abtes von Schäftlarn „neu erbaut" und mit einem Renaissance-Altar versehen wurde. Fast 50 Jahre später heißt es dann in der bischöflichen Konsekrationsurkunde, daß die Kapelle zu Ehren der Heiligen Ulrich, Coloman, Georg und Sebastian errichtet wurde, da ein Bauer auf „gleichsam wunderbarerweis beim Pflügen" die Bilder dieser Heiligen gefunden haben soll.

Durch die für den Bau des Wasserkraftwerks Mühltal (1921–24) erforderlich gewordenen Ankäufe von Grundstücken kam auch das St. Ulrichskirchlein in den Besitz der damaligen Isarwerke. Bei Bauarbeiten im Jahre 1923 wurde bei der Kapelle ein aufsehenerregendes Steinfundament entdeckt, vermutlich aus der frühchristlich-römischen Zeit des 5. Jahrhunderts. Darüber wurden Reste der im Jahre 722 beurkundeten „ältesten Kirche im Münchner Raum" gefunden, die vermutlich den Ungarn-Stürmen des 10. Jahrhunderts zum Opfer gefallen war.

Unter hohen Aufwandskosten ließen die Isarwerke die auf so geschichtsträchtigem Boden stehende St. Ulrichskapelle renovieren. Die Bedachung wurde erneuert und im Innern Wandfresken freigelegt, in zarten Farben aufgefrischt, der Altar erneuert, ein Fußboden gelegt, die alten Gebetsbänke überholt. Auch die Figur des Kirchenpatrons St. Ulrich erhielt eine Neufassung, doch aus Sicherheitsgründen befindet sie sich nicht in der Kapelle. Jeweils zum Namensfest des Heiligen, dem 4. Juli, wird sie aus ihrer Verwahrung in das Kirchlein zurückgebracht um die festliche Messe zu Ehren St. Ulrichs mitzufeiern.

An Johanni pilgern seit beinahe 20 Jahren die aktiven Flößer ins Mühltal. Sie haben den frommen Brauch des Bittgangs wieder aufleben lassen, weil sie durch die zahlreichen Ausflugsfloßfahrten fast täglich den Gefahren auf dem Wasser ausgesetzt sind. Ein Unglück mit den Baumstämmen beim Floßbauen und Auseinandernehmen, ein Anfahren beim Georgenstein oder an Schleusen und Brücken, ein ausbrechendes plötzliches Gewitter während der Fahrt sind auch heute nicht ausgeschlossen.

Während ihre Väter die „Flößerwallfahrt" nach St. Maria Thalkirchen abhielten, entschieden sich die heutigen Isar- und Loisachflößer für die verschwiegene St. Ulrichskapelle, zu der sie nicht auf dem Wasserweg angereist kommen, sondern motorisiert auf dem Landweg. Dabei spielt es keine Rolle, ob der 16. Mai, der Namenstag ihres Schutzpatrons St. Johannes Nepomuk, auf einen Sonntag oder Werktag fällt.

Friedlich liegt schon die Abendstille über dem Mühltal, und die 30 bis 40 Bittgänger im Sonntagsgewand warten ruhig vor der Kapelle auf das Einläuten zum Gottesdienst. Doch justament als die braven Ministranten den Glockenstrick kräftig ziehen wollen, reißt dieser, schon lange morsch geworden, ab. Der Mesner organisiert rasch ein zweites Seilstück, das er provisorisch mit dem Glockenstrang zusammenknüpft, „'s muaß ois sei Ordnung hab'n". So dauert es im Jahre 1991 ein wenig länger als sonst, bis unter hellem Glockengeläute der gemeinsame Einzug von Pfarrer, Ministranten, Flößern, Angehörigen und einigen Gläubigen aus der Gegend stattfinden kann.

Nicht alle finden Platz im kleinen blumengeschmückten Raum; die zwölf schmalen Gebetsstühle reichen bei weitem nicht aus. So muß ein Teil der Wallfahrer bei geöffneter Pforte im Freien den vom Pfarrer aus Großdingharting gelesenen Gottesdienst mitfeiern. Obwohl an diesem Mai-Abend ein pfeifender Wind um die Mauern weht, verläßt niemand den Ort vor dem großen Schlußsegen. Wie jedes Jahr gedenken sie der Verstorbenen, sprechen Fürbitten und Gebete. Den Gesang übernehmen die „Ickinger Sänger" mit volkstümlichen Kirchenliedern, die von den stimmungsvollen Tönen der Harfe begleitet werden. Weil das am besten zu den Flößern paßt, hat das Gesangstrio schon mehrmals in ihrer Messe gesungen, nur „zu Lob und Ehre Gottes".

In der Predigt geht der Pfarrer auf das selten gewordene Handwerk der Floßleute ein und spricht vom Leben des Märtyrers Johannes Nepomuk, der als Brückenheiliger für die Floßfahrt eine besondere Bedeutung hat. Währenddessen wandern zufriedene Blicke aus den Reihen der Flößer auf die Johannes-Figur im Raum, welche vor wenigen Jahren der St. Ulrichskapelle gestiftet wurde.

Zur Freude aller konnte aufgrund der Opfergelder und einer großzügigen Spende endlich auch die bayerische Madonnenfigur mit Krone und Jesuskind im Arm erworben werden. Der Geistliche würdigt und segnet die wohlgestalte Holzplastik Patrona Bavariae, der Schutzfrau Bayerns, die jedoch nur bei Gottesdiensten als Zierde der Kapelle anwesend sein wird. Mit dem speziellen Wettersegen, wie er in der Großdinghartinger Gegend gesprochen wird, klingt die Flößermesse aus:

> Vor Hagel, Blitz und jeglichem Unwetter
> Bewahre uns, Herr Jesus Christus,
> Deine Barmherzigkeit, Herr, walte über uns,
> So wir auf Dich hoffen.
> Herr, erhöre unser Gebet
> Und laß unser Rufen zu Dir kommen.
> Der Herr sei mit euch
> Und mit Deinem Geiste.

# Wallfahrer auf dem Floß

Zum 600jährigen Jubiläum der Wallfahrt zur Mutter Gottes nach St. Maria Thalkirchen am linken Isarufer im Münchner Süden erlebte die Pfarrei durch die „Flößerwallfahrt" am 17. Juni 1990 einen Höhepunkt. In Erinnerung an den frommen Brauch ihrer Flößerväter, die bis vor dem Krieg einmal im Jahr einen gemeinsamen Bittgang um Schutz und Segen zum Gnadenbild in Thalkirchen durchführten, ermöglichten es die traditionsbewußten Nachkommen, daß nach langer Zeit wieder ein Wallfahrtsfloß auf der Isar von Wolfratshausen nach München unterwegs war.
Ministranten, Gottesdiensthelferinnen, Pfarrjugend, Mitglieder von Kirchenverwaltung und Pfarrgemeinderat, Flößler und Holzhacker aus Lenggries, Trachtler aus Kochel, Großweil, Oberau, Schlehdorf, Solln und Thalkirchen stellten die Gruppe der Wallfahrer, begleitet vom kroatischen Franziskanerpater Covko Gojko. Das von ihm vorbereitete geistliche Programm beinhaltete eine Mischung von Gebet und Meditation. Abwechselnd kamen Thalkirchner Rosenkranz und zehn „Vaterunser" zum Beten, aufgelockert durch Meditationstexte und Besinnung über Schöpfung und Natur.
In Nantwein an der Isar in Wolfratshausen legte das geschmückte Floß am späten Vormittag ab und erreichte gegen 19 Uhr die Zentrallände in München, in einem angemessenen Abstand zu den täglichen Ausflugsflößen, die um diese Zeit längst auseinandergenommen und abtransportiert waren. Am Ufer erwarteten etwa 2000 Menschen die Wallfahrer auf der Isar und bekundeten reges Interesse am Brauchtum der Flößer.
Der 50jährige Wallfahrer Fritz aus Thalkirchen hat die Eindrücke der außergewöhnlichen Floßfahrt aufgeschrieben:
„Bevor die Fahrt begann, verteilte der Geistliche an jeden Wallfahrer einen kleinen Rosenkranz mit zehn Holzperlen und dem Bildnis der Muttergottes. Nachdem jeder Mitfahrer seinen Platz auf dem Floß in der ‚heiligen Gesellschaft' gefunden hatte, legte es ab. Die grüne Isar nahm das Wallfahrtsfloß auf und begann es gen München zu tragen. Pater Gojko segnete das Floß mit all seinen Begleitern, dann fing er an, den Rosenkranz vorzubeten, und die Wallfahrer beteten mit.
Wir durchfuhren das Naturschutzgebiet Pupplinger Au mit seiner herrlichen Flora und Fauna an den paradiesischen Ufern.
In den Gebetspausen spitzten alle die Ohren, wenn die Flößer zur Abwechslung lustige Witz' erzählten. Bevor wir die wildromantische Isar verließen, um in den Isarkanal

einzufahren, begann der Pater von neuem mit uns Rosenkranz zu beten. Ein zuweilen anstrengendes Beten auf dem in der prallen Sonne treibenden Floß und der reflektierenden Wasserfläche. ‚Sovui' Todsünd'n hob i do' net g'habt', hörte man deshalb hin und wieder stöhnen.

Die Leute am Uferrand winkten uns zu und trauten ihren Ohren nicht, als kein Jubelruf oder Jodler erschallte, sondern ein Vaterunser vom Floß zu ihnen hinüberklang. Als das Floß unter der Brücke durchfuhr, verschlug es den Leuten auf der Brücke fast die Sprache, weil der Geistliche das Kreuzzeichen machte und wir alle laut ‚Amen' sagten.

Dann waren wir im Isarkanal, von nun an begann eine langsame Fahrt zum Mühltal. Auf dem Wallfahrtsfloß wollte uns eine Ringelnatter begleiten, doch wir stupsten sie zurück in das Naß.

Nach längerer Mittagspause in der Gaststätte Mühltal legten wir wieder ab und fuhren langsam auf die längste Floßrutsche in der Isar zu. Jeder suchte sich einen sicheren Platz auf dem Oberbau des Floßes. Unser Oberflößer Angermeier steuerte mit ruhigem Flößerarm das Floß in das richtige Fahrwasser auf die Floßrutsche zu. Langsam senkte sich die Absperrklappe. Wir hörten, wie das Wasser zu rauschen begann und mit großem Getöse die Rutsche hinabstürzte. Gleich danach kamen wir zur Einfahrt. Mucksmäuschenstill war's auf dem Wallfahrtsfloß, so mancher Mitfahrer ließ ein kurzes Stoßgebet los, und hinab gings mit solcher Geschwindigkeit, daß einem die Luft wegblieb. Die Wassermassen spritzten auf und die Gischt ergoß sich auf die Floßstämme. Erst als wir das Ende der Floßrutsche erreicht hatten und in ruhigem Isarwasser fuhren, fanden wir wieder zum Gespräch untereinander.

So passierten wir Rutsche für Rutsche und der blaue Himmel strahlte auf die fröhlichen Wallfahrer hernieder. Pater Gojko las uns Betrachtungen über Gottes schöne Natur und erzählte die Entstehungsgeschichte von St. Maria Thalkirchen. Dazwischen beteten wir immer wieder den Rosenkranz.

Nun kam die letzte Floßrutsche kurz vor Thalkirchen. An der Einfahrt stand die Statue eines großen und kräftigen Flößers mit einer Floßhack auf der Schulter. Unsere Flößer nahmen ihren Hut ab und begrüßten den bronzenen Kerl; so will es der Brauch. ‚Ui, da schau hi'!' riefen plötzlich die Ministranten, ‚da steht ja a Verkehrsampel und zeigt auf Rot!' Doch der Flößer Angermeier ließ sich nicht aus der Ruhe bringen und steuerte trotz Rotphase auf die Hinterbrühler Rutsche zu. In der Zwischenzeit senkte sich die Wassersperre und die Flößer-Ampel zeigte nun grünes Licht.

Dann nahmen Pater Gojko und die Wallfahrer auf dem Floß wieder Geisteshaltung ein. Die Flößer entrollten die mitgeführte Fahne mit der Muttergottes und dem Jesuskind.

Erhobenen Hauptes steuerte unser Oberflößer die Floßlände an, wo bereits der Herr Pfarrer aus Thalkirchen auf seine ‚Schäflein' wartete.
Danach bewegte sich die große Prozession mit der Flößerfahne und den Zunftstangen zur festlichen Messe nach St. Maria Thalkirchen.
Nach der Messe wurde im Bierzelt, das im Pfarrgarten stand, noch lange so richtig die Flößerwallfahrt gefeiert."

Der gefürchtete Georgstein unterhalb Baierbrunns

# Ausklang mit dem Jahrtag

Wenn das Floßfahren auf Isar und Loisach durch Zufrieren des Wassers ab Dezember nicht mehr möglich war, kam die „staade Zeit" für die Floßleut. Dann waren sie wieder „seßhaft" und gingen daran, die anstehenden Heim- und Holzarbeiten aufzuarbeiten. Jetzt war es höchste Zeit, dem Herrgott zu danken, daß die vergangenen arbeitsreichen Monate auf dem Floß glücklich verlaufen sind. Dazu diente ihnen der Jahrtag, der früher am Montag nach dem Dreikönigsfest abgehalten wurde und mit einem Heiligen Amt zu Lob und Ehre Gottes in der Pfarrkirche begann.

In Wolfratshausen war das nicht nur für die Flößer ein Festtag, sondern für alle Bewohner. „Nach dem Gottesdienst bewegte sich ein Festzug durch den Markt. Dabei führte man ein Floß auf Rädern mit, das von vier Pferden gezogen wurde. Auf dem Floß war eine sogenannte Wiener Hütte aufgebaut mit einer Feuerstelle, auf der Würste gebraten und an die Zuschauer verteilt wurden", heißt es in der Geschichte der Flößerei von Wolfratshausen von Quirin Beer.

Als die Zeiten schlechter wurden, zeigte sich wieder deutlich, daß die Flößer den Jahrtag nicht wegen des lustigen Spektakels begingen, sondern sich ihrem Herrgott in Dankbarkeit verpflichtet und verbunden fühlten. „Infolge der Kriegs- und Nachkriegsnotzeiten fanden in der Zeit vom 8. Januar 1939 bis 15. Februar 1948 keine Versammlungen mehr statt. Trotzdem wurde aber der herkömmliche Flößerjahrtag durch ein hl. Amt in der Pfarrkirche zu Wolfratshausen gefeiert", ist im Protokollbuch des Vereins der Floßleute niedergeschrieben.

Mit Rückgang der Flößerei nach dem Krieg beteiligte sich die immer kleiner schrumpfende Zahl der Flößer aus Wolfratshausen nun am Jahrtag der Lenggrieser Flößer und feierte mit ihnen gemeinsam den Festgottesdienst. Für einen eigenen Verein zu wenige geworden, schlossen sich die Flößer deshalb nach und nach dem 1865 gegründeten Holzarbeiter-Verein in Lenggries an, der seit 1952 die Bezeichnung Holzhacker und Flößerverein führt.

Heute wird der Jahrtag nur mehr in Lenggries in der St. Jakobskirche gefeiert, jeweils am zweiten Samstag im Oktober. Zum hl. Amt erhalten die alten Zunftstangen in der Kirche mit den Patronen der Flößer besonderen Schmuck, „damit s' raus kemma" unter den anderen Tragstangen. Nach dem Kircheneinzug der zahlreichen Mitglieder werden die Zunftfahnen der Holzhacker mit dem Bildnis des Schutzpatrons St. Vinzenz und die der Lenggrieser Flößer mit den beiden Schutzheiligen St. Nikolaus und St. Johannes Nepomuk zum Altar gebracht. Die feierliche Messe hat der langjährige Pfarrer mit

Fürbitten und Predigt ganz auf das Handwerk der Holzhacker und Flößer abgestimmt. Zum heiligen Vinzenz wird ein eigenes Gebet gesprochen.

Am Nachmittag findet dann die Versammlung statt, bei der aktuelle und künftige Themen, die den Verein betreffen, erörtert und im Protokollbuch vom Schriftführer festgehalten werden. Der krönende Abschluß des Jahrtags und zugleich des Flößerjahres ist der traditionelle Ball im Alpenfestsaal, bei dem Holzhacker und Flößer temperamentvoll zu schneidiger Blechmusik die Weiberleut im Tanze drehen.

Bitt für uns, heiliger Vinzentius!

# Das Herz schlägt weiter in Lenggries

Ein Rundgang in den liebevoll und lehrreich ausgestatteten Heimatmuseen von Wolfratshausen und Bad Tölz führt den Besucher auch durch die Räume, in denen Flößergeschichte ansehnlich dargestellt ist. Verschiedenste Floßmodelle, Handwerkszeug und Arbeitskleidung, die hohen Wasserstiefel, Transportfässer und -kisten mit aufgemalten Schutzpatronen, Zunftfahnen und -laden, religiöse Requisiten gewähren einen umfangreichen Einblick, wie es wohl früher bei den Flößern war.

Noch gelebtes Brauchtum der Isar- und Loisachflößer aber ist in Lenggries anzutreffen. Dort feiern sie nicht nur ihren Jahrtag, sondern marschieren bei der Fronleichnamsprozession als Abordnung des Holzhacker- und Flößervereins mit und tragen ihre Zunftfahnen und -stangen durch die Straßen, wie wir es aus alten Zunftvorschriften kennen. Bei jedem kirchlichen Festtag sind sie aus Tradition unterwegs. 360 Mitglieder zählt der Verein, ein Drittel davon ehemalige und aktive Flößer. Zum Vorstand wurde Kaspar Merk, ehemaliger Floßmeister, gewählt.

Eine Fahnenabordnung des Vereins erhalten auch verstorbene Mitglieder bei der Beerdigung, zu welcher sich manch Flößer noch zu Lebzeiten das Lied „Fahr ma auf Minga mit'm Floß" gewünscht hat.

Vor einiger Zeit ging man in mühsamer Aktion auf die Suche nach alter Kleidung der Isarflößer aus der Lenggrieser Gegend und hat auch welche „ausgrab'n kenna". Der Verein ließ nach Vorgabe die kurzen dunkelblauen Janker für ihre Fahnenabordnung anfertigen. Prunkstück ist der farblich passende Stopselhut mit der beachtlichen Höhe von etwa 30 cm und der teueren gedrehten Goldschnur sowie zwei Silberquasten. Der hiesige Trachtenverein D' Hirschbachtaler bildeten um diese Flößertracht des 19. Jahrhunderts einen „Flößerstamm".

Wie der Isarwinkler Flößer um das Jahr 1600 gekleidet war und welchen Schalk und farbenprächtiges Gewand sein Weib getragen hat, ist in der Privaten Trachtensammlung des Lenggrieser Rathauses zu bewundern, wo lebensgroße Holzfiguren die alten Kleider tragen.

Obwohl in Lenggries auf der Isar längst keine Flöße mehr abfahren, weil das Wasser durch den Bau des Sylvensteinspeichers schon seit 30 Jahren zu wenig dafür ist, werden im Ort für die festlichen Umzüge immer noch Flöße gebaut. Nach altem Brauch geschieht das im Garten vom Willibald, der auf seinem Anwesen den nötigen Platz dazu hat. Lange ist es schon her, daß der Hans mit dem Vater Ausflugsflöße nach München gefahren hat, aber das Floßmachen hat er nicht verlernt. Maßstabsgetreu 1:50 baut er mit dem Fahnenjunker Toni Merk und Vereinsmitgliedern die Baumstämme zu einem

Floß zusammen. Für den Festzug kommt es auf den Wagen mit Gummirädern hinauf, der von vier Rössern gezogen wird. Auf dem Floß sitzen die „kloana Buama" von Lenggries, die natürlich alle wie die Großen einen Stopselhut tragen möchten.
Anläßlich des 125jährigen Gründungsjubiläums des Holzhacker- und Flößervereins im Sommer 1990 konnte dank Zuschußwasser vom Sylvensteinspeicher eine Johanni-Floßfahrt zu Ehren des Schutzpatrons St. Johannes Nepomuk stattfinden. Beim Almbach auf der Wegscheider Seite der Isar wurde das Floß unter den Augen zahlreicher interessierter Zuschauer eingebaut und geschmückt. Mit den geladenen Gästen und der Zunftfahne mit dem Flößerpatron begann die Fahrt auf der Isar.
Wie in alten Zeiten zeigte sie sich von ihrer tückischen Seite. Der Ferg und Drittferg vorne am Ruder mußten mit scharfen und schnellen Augen schauen, „wo's Wasser hingeht", damit auf keine Kiesbank gefahren wurde. Auch der Styrer hinten am Ruder hatte ganze Arbeit zu leisten. Trotzdem blieb das Anfahren eines Wasserbaus nicht aus, wobei der äußere rechte Baum vom Floß verlorenging und allein in der Isar trieb. Sie aber gab nochmals deutlich zu verstehen, daß mit ihr, Isaria der Wilden, niemals zu spaßen ist. Eine halbe Stunde etwa dauerte die historische Johanni-Fahrt und endete glücklich mit dem Zufahren in Lenggries.
„D'Flössla san no do, aba d'Isar nimma", hieß es auf einer Spruchtafel beim Jubiläumsfestzug in Lenggries. Doch angesichts der 700jährigen Tradition dieses Handwerks bleibt zu hoffen, daß die in alter Bauart gebundene Flöße aus Fichtenholzstämmen weiterhin ein Stück auf dem Herzfluß Bayerns, der Isar, hinunterfahren können.

Lied der Isarflößer

Kennst du den Ort so herrlich schön,
mit seinen Bergen seinen Höh'n,
all wo noch herrscht ein froher Sinn
in diesem schönen Tal herin?
Wo starke Männer mit dem Floß
vorbeifahr'n an des Herzogs Schloß,
da liegt der Ort, den nie vergiß,
die teuere Heimat mein Lenggries.

Lied der Loisachflößer

Fahr ma auf Minga mit'm Floß
des geht vui schnella wia mit de Ross'.
Und dann beim Steierer kehr'n ma ei
da gibt's a Bier und a'n guat'n Wei'.

# Isarflößer auf dem Rhein

Am 30. Mai 1978 startete der bekannte Münchner Bildhauer Hannsjörg Voth seine spektakuläre Kunstaktion „Reise ins Meer". Von Ludwigsburg aus trat eine 20 Meter große Mumie auf einem überdimensionalen Floß ihre „letzte Reise" rheinabwärts nach Rotterdam an. Hier sollte die Figur auf dem offenen Meer in Flammen aufgehen. Zur praktischen Umsetzung des von ihm entworfenen Floßmodells benötigte der Bildhauer die Mithilfe und Erfahrung eines floßkundigen Handwerkers. Diese Aufgabe übernahm der Obergrieser Floßmeister Sebastian Angermeier. Die übergroßen Eisenkeile und Drahtschlingen, die zur Befestigung der Stämme benötigt wurden, fertigte er selbst in seiner Werkstatt an. Zur Führung des Floßes auf dem Rhein wurde eine Isarwinkler Flößermannschaft engagiert. Zwar kamen die langen Flößerstangen gar nicht zum Einsatz, weil die Aktion nur unter der Voraussetzung genehmigt worden war, daß ein Schlepper das Baumstammschiff rheinabwärts zog, doch den Isarwinklern blieb immerhin noch die Oberaufsicht. Im April war es schließlich soweit, und die Flößermannschaft rückte in Speyer an, um die dort gelagerten, dicken Fichtenholzstämme im Wasser des Altrheins zu einer stabilen Floßtafel zusammenzubauen. Äußerst präzise handwerkliche Arbeit war gefordert, um den drei Meter hohen Holzaufbau mit Bedachung und Ruhelager, den die Pläne des Künstlers vorsahen, auszuführen. Nachdem die als „Wohnbereich" gedachte Holzkonstruktion fest mit dem Floß verbunden war, erhielt sie eine schützende Segeltuchbespannung und wurde mit Hausrat und Feldbetten ausgestattet, da die Mumie nach der Idee des Künstlers auf ihrer „letzten Fahrt" Begleiter – einige Freunde des Künstlers – um sich haben sollte. Schließlich wurde die 3,5 Tonnen schwere, in Leintücher gehüllte Figur, das Gesicht hinter einer Bleimaske verborgen, auf das vorbereitete Ruhelager gehievt und festgebunden. Nach letzter Inspektion durch Nautiker und Wasserschutzpolizei konnte die große Fahrt beginnen. Nach siebentägiger Reise war der Zielhafen Rotterdam erreicht. Hier wurde die Mumie ihrer sieben Zentner schweren Bleimaske entkleidet, die Zeugnis ablegt von der Kunstaktion. Nachdem alle Mitreisenden das Floß verlassen hatten, um von Begleitbooten aus das weitere Geschehen verfolgen zu können, zog der Schlepper die Mumie hinaus auf das offene Meer, wo er sich ausklinkte und das Floß der unruhigen See überließ. Wenig später setzten Hannsjörg Voth und ein Pyrotechniker die Figur in Brand. Hoch auflodernde Flammen und dunkle, wuchtige Rauchwolken waren kilometerweit am nächtlichen Himmel zu sehen. Nach ungefähr einer halben Stunde ergossen sich die ersten Wassersalven des Löschbootes über die abgebrannte Mumie, die herabfallende Asche wurde vom Meer aufgenommen.
Ob es wohl mehr als ein Zufall ist, daß die Bleimaske nach über zwölf Jahren durch Verkauf ausgerechnet im Isarwinkel gelandet ist?

## Bildnachweis

Abb. S. 2, 70, 120: Privatbesitz Hans Waldhauser, Grünwald
Abb. S. 11, 88: Privatbesitz Peter Dorfner, Bad Tölz
Abb. S. 14: Ungarisches Verkehrsmuseum. Entnommen aus: Rot-Weiß-Rot auf blauen Wellen, hrsg. von „Erste Donau-Dampfschiffahrts-Gesellschaft", Wien
Abb. S. 17: Verkehrsarchiv beim Verkehrsmuseum, Nürnberg
Abb. S. 19: Privatbesitz Katharina Sommer, München
Abb. S. 22: Bayernwerke, Walchenseekraftwerk
Abb. S. 28: Gemeindebücherei Krün
Abb. S. 30: Fremdenverkehrsamt Mittenwald
Abb. S. 39: Heimatkundliche Stoffsammlung, Region I, Isartal
Abb. S. 40, 60, 62, 96, 127, 128, 133: Aufnahmen: Bjarne Geiges, München
Abb. S. 47: Aufnahme: Münchner Stadtmuseum, Inventurnr.: 57/110
Abb. S. 59, 118: Aus: Zur Geschichte der Münchner Stadtbäche, von Gerd Grüneisel und Margit Maschek, hrsg. v. d. Pädagogischen Aktion e.V., München
Abb. S. 65: Heimatmuseum Wolfratshausen
Abb. S. 77, 92: Zeichnungen von Georg Preller, aus: „Unter uns g'sagt", Heimatkundliche Heftreihe
Abb. S. 94: Privatbesitz Michael Angermeier, München
Abb. S. 98: Zeichnung Rektor Grad, München
Abb. S. 104: © Landesbildstelle Linz
Abb. S. 108: Aufnahme Wolfgang Schachenhofer, St. Nikola/Donau
Abb. S. 113: © Kunstverlag Gregor Peda, Osserweg 1, 8390 Passau
Abb. S. 115: Johann-Nepomuk-Verein e.V., Plattling
Abb. S. 135: Holzhacker- und Flößerverein, Lenggries
Abb. S. 138: Aufnahme: © Ingrid Voth-Amslinger, München
Wir danken für die Abdruckgenehmigung.

## Literaturverzeichnis

Achner, Leonhard: Die Isarflößerei der letzten 60 Jahre. Ein Beitrag zur bayer. Binnenschiffahrtstechnik, Heft 101, München 1922
Alckens, August: München in Erz und Stein, Pinsker-Verlag, Mainburg 1973
Archiv der Floßmeister-Innung, Wolfratshausen
Bauer-Peissenberg, Therese: Mittenwald. „D' Obalandla kemma". Nemayer Verlag, Mittenwald
Baader, Josef: Chronik des Marktes Mittenwald, Nemayer Verlag, Mittenwald 1936
Beer, Quirin: Chronik der Stadt Wolfratshausen, Dachau 1986
Biller/Rasp: München Kunst & Kultur Lexikon, Süddeutscher Verlag, München 1988
Bogner, Josef: Thalkirchen und Maria Einsiedel, Oberbayerisches Archiv 107. Band, München 1982

Brückl, Josef: Grünwald – Chronik eines Dorfes an der Isar, Band I, Herausgeber: Die Vereinigung der Freunde Grünwalds, 1987

Das geschah vor 100 Jahren, „Starker Ausflugsverkehr auf den Bahnlinien", Land- und Seebote Juli 1991, m + k Verlag, Starnberg 1991

Die Donau als Wasserkraftstraße. Herausgegeben in Zusammenarbeit mit der Österreichischen Donaukraftwerk AG, Verlag A. F. Koska, Wien–Berlin 1984

Die Isar-Amperwerke 1908–1958 / 50 Jahre im Dienste der oberbayerischen Stromversorgung. Herausgeber Isar-Amperwerke

Der Dom zu St. Jakob in Innsbruck. Kunstführer Nr. 287, Verlag Schnell & Steiner, München–Zürich 1986

Der Mariendom zu Freising. Kunstführer Nr. 200, Verlag Schnell & Steiner, München–Zürich

Die Kreisstadt Wolfratshausen. Festschrift zur Stadterhebung, 1961

Die Marienklause – Was hat sie uns zu sagen. Pfarrbrief 1980, Pfarrei St. Maria Immaculata

Die Pfarrei Lenggries. Kunstführer 126, Verlag Schnell & Steiner, München–Zürich 1972

Donaustrom. Herausgegeben mit der Österreichischen Donaukraftwerk AG, Verlag A. F. Koska, Wien–Berlin 1984

v. Dreecken / Schneider: Was die Isar erzählt. Südwest Verlag 1979

Festschrift 1981. 800 Jahre St. Nikola an der Donau, Herausgeber und Verleger Gemeinde St. Nikola a. d. Donau

Festschrift 1988. Herausgeber St. Johann Nepomuk Verein Plattling e. V.

Flemmer, Walter: Weil's uns freut – Das große Buch der Bayerischen Lyrik aus zwei Jahrhunderten, W. Ludwig Verlag, Pfaffenhofen 1986

Forster, J. M.: Schriften aus dem Gebiet der bayerischen und Münchner Geschichte (München 1896), Bayerische Staatsbibliothek München

Frank, Karl A.: Krummschwert über Wien. Hoch-Verlag, Düsseldorf 1982

Lenggries. Ein Streifzug durch Vergangenheit und Gegenwart. Herausgeber Gemeinde Lenggries, Bozen 1984

Greither, Hans: Die Isarflößerei: das unromantische Ende einer stolzen Tradition, Charivari Nr. 4, Juli 1976

Gruber, Christian: Die Bedeutung der Isar als Verkehrsstraße, 1890

Hackelsberger, Christoph: München und seine Isarbrücken, Hugendubel Verlag, München 1981

Heimatkundliche Stoffsammlung Region I Isartal. Arbeitskreis der Lehrer aus Mittenwald, Krün, Wallgau, Herausgeber Staatliches Schulamt, Garmisch 1982

Homolka, Anita: 500 Jahre Der Thorbräu München, Verlag Schnell & Steiner, München–Zürich 1990

Johannes von Nepomuk: Ausstellung des Adalbert Stifter Vereins, Verlag Passavia, Passau 1971

Läpple, Alfred: Heilige und Selige aus Altbayern und Tirol, Stöppel-Verlag, Weilheim 1988

Lauterbach, Helga: Die Flößerwallfahrt nach Maria Thalkirchen. Ein Stück altbayerischer Frömmigkeit. Aus: Maria Thalkirchen, hrsg. v. Hoppe Bernhard M., Erich Wewel Verlag, München 1991

Lutz, Fritz: Mein München, Oldenburg Verlag, München 1960

Mariahilf ob Passau. Kunstführer 712, Verlag Schnell & Steiner, München–Zürich 1988

Mittenwald. Herausgeber Kath. Pfarramt Mittenwald, Hannes Oefele Verlag, Ottobeuren 1980

Mitterwieser: Isarflößerei im 15. Jahrhundert, aus: Das Bayerland, Juni 1914

Münchens Straßennamen. J. Berg Verlag, München 1983

Noderer, Expositus. Die Isarflößerei, ein aussterbendes Gewerbe in Bayerischer Heimatschutz 1921

Oberösterreichische Heimatblätter Heft 3/4 aus 1981: Sonderdruck St. Nikola an der Donau, Verfasser Wolfgang Schachenhofer

Pfistermeister, Ursula: Verborgene Kostbarkeiten, Verlag Hans Carl, Nürnberg 1972

Plessen, Marie Louise: Die Isar. Ein Lebenslauf, München 1983

Preller, Georg: Unter uns g'sagt. Heimatkundliche Heftreihe, Eigenverlag, Straßlach 1983

Protokollbuch des Flößerei-Interessenten-Verbandes Isar-Loisachtal vom Dezember 1929 – Juni 1976

Protokollbuch des Vereins der Floßleute zu Wolfratshausen, 1924

Reitinger, Josef: Schloß Greinburg. Oberösterreichisches Schiffahrtsmuseum, Führer. Grein a. d. Donau 1985
Rot-Weiß-Rot auf blauen Wellen. Herausgeber und Verlag Erste Donau-Dampfschiffahrts-Gesellschaft, Wien 1979
Schachenhofer, Wolfgang: Strudengau. Das Donautal in alten Ansichten, Eigenverlag, St. Georgen am Walde 1989
Schattenhofer, Michael: Der Englische Garten, Bavaria Antiqua, Bayerische Vereinsbank, München 1989
Sailer, Josef Benno: Das Isar- und Loisachgebiet, München 1907
Seitz, Helmut: Die weißblaue Flotte, Ehrenwirth Verlag, München 1983
Schätze im Deutschen Museum, hrsg. i. Auftrag des Deutschen Museums und des Vereins Deutscher Ingenieure VDI – Verlag GmbH, Düsseldorf 1968
Schulze, Claus Jürgen: Die Isartalbahn, Bufe Fachverlag, 1979
Schnellrieder, Josef: Was ein alter Flösser erzählt, Wolfratshausen 1929
Steinberger, Wilhelm L.: Dorf und Kloster Beuerberg, Unbekanntes Bayern, Süddeutscher Verlag, München 1976
Stöckel, Fritz: Die Eisenbahn in Deutschland, Bohmann Verlag, Heidelberg 1969
Stutzer, Dietmar: Altes Handwerk in Bayern, Stöppel-Verlag, Weilheim 1989
Sylvensteinspeicher. Sonderdruck aus Talsperren in der Bundesrepublik, Wasserwirtschaftsamt Weilheim, Verlag Systemdruck, 1987
Um Glauben und Reich. Katalog der Ausstellung in der Residenz in München. Herausgeber Hubert Glaser, Hirmer Verlag München, R. Piper & Co. Verlag, München–Zürich 1980
Verkehrsarchiv beim Verkehrsmuseum Nürnberg
Vogt, Hans: Die maschinellen und elektrischen Anlagen des Hochwasserspeichers am Sylvenstein. Sonderdruck aus Energie, Heft 6 Juni 1959, Franzis-Verlag, München
Vogel, Hubert: Die Münchner Zünfte / Dokumente und Bilder zu ihrer Geschichte seit 1290. Ausstellung des Münchner Stadtarchivs, 1970
Vom Gulden zur Mark. Ausstellung Bayerische Vereinsbank, München 1986
Voth, Hannsjörg: Reise ins Meer, Rheinland Verlag 1978
Walchensee-Kraftwerk. Bayernwerk Strom für Bayern
Waldhauser, Hans: Grünwald Chronik, Band II. Vom Bauerndorf bis heute. Herausgeber: Die Vereinigung der Freunde Grünwalds, 1991
Wild, Joachim: Führer durch die Geschichte der Burg Grünwald. Prähistorische Staatssammlung, Süddeutscher Verlag, München 1979
Wolfratshauser Tagblatt Nr. 23 und 26, 1941
Wagner, Ludwig: Münchener Stadtkunde. Das Lehel, Verlag Hanns Lindner, München 1960
Zauner, Franz Paul: Münchens Umgebung in Kunst und Geschichte, 1914
Ziegler, A. W.: Monachium, Manz Verlag, München 1958


# Danksagung

Mein Dank für die Unterstützung gilt allen, die zum Gelingen des Werkes beigetragen haben, insbesondere den ehemaligen und aktiven Flößern sowie Rosemarie Seitner und Maria Angermeier:

Angermeier, Maria, Oberfloßmeisterswitwe, Obergries
Angermeier, Michael, Floßmeister, Arzbach

Bassing, Anni, München
Bazan, Astrid, Gauting
Bernlochner, Bruno, ehem. Isartalbahn
Blab, Anna, München
Dorfner, Peter, Bad Tölz
Dr. Dosch, Peter, Kössen/Tirol
Dr. Dünninger, Eberhard, München-Thalkirchen
Dvorak, Gerwald, Presse, Erste Donau-Dampfschiffahrts-Gesellschaft, Wien
Dr. Frankenstein, Josef, Diözesanarchiv Innsbruck
Gall, Rosina, München-Thalkirchen
Geiges, Bjarne, Fotograf, München
Grabmaier, Josef, Monsignore, St. Maria Thalkirchen
Dr. Grasser, Walter, Numismatiker, München
Greither, Hans, Journalist, Lenggries
Geschwendtner, Markus, Heimatkundler, Mittenwald
Heidacher, Jakob, ehem. Flößer, Wegscheid
Heinrich Wilhelm, Obermeister der Zimmererinnung, München
† Herrmann, Wilhelmine, München-Thalkirchen
Hierl, Georg, Stadtarchiv Wolfratshausen
Hirtreiter, Rudolf, Bürgermeister, Wallgau
Dr. Homolka, Anita, München
Klinner, Helmut W., M. A., Mittenwald
Kobinger, Josef, Flößer, Lenggries
Kriner, Matthias sen., Krün
† Kuchenbaur, Maria, Gastwirtin, Hinterbrühl
Lauterbach, Fritz, München
Martin, Sigrid, Public Relation, Isar-Amperwerke AG, München
Mederle, Mathias, Schriftführer Holzhacker- und Flößerverein, Lenggries
Miklautz, Franz, Betriebsleitung Kraftwerk am Sylvenstein
Pater Fesenmayer, Gebhard, Kapuzinerkonvent Maria Hilf ob Passau
Pater Hassels, Josef, St. Maria Immaculata, München-Harlaching
Pater Dr. Winhard Wolfgang, Kloster Schäftlarn
Pollischansky, Josef, Betreuer Heimatmuseum Wolfratshausen
Preller, Therese, Straßlach
Reindl, Louis, Krün
Rösch, Günther, 1. Vorsitzender Johann-Nepomuk-Verein e.V., Plattling
Rohlederer, Hans, Verwaltungsleiter Kreiskrankenhaus Wolfratshausen
Roßbach, Georg, Schuldirektor, Mittenwald
v. Sazenhofen, Elke-H., Lenggries
Seitner, Franz, Floßmeister, Wolfratshausen (Weidach)
Seitner, Josef, Floßmeister, Wolfratshausen (Weidach)
Seitner, Rosemarie, Floßmeistersgattin, Wolfratshausen (Weidach)
Seitz, Peter, Mittenwald
Sommer, Katharina, München
Spiegl, Johann, OIng. i. R. der Isar-Amperwerke AG
Stecher, Mathilde, München-Thalkirchen
Strobl, Georg, Mesner Kraftwerk Mühltal
Schachenhofer, Wolfgang, Volksschuldirektor St. Nikola/Donau
Schirmer, Helmut, Baureferat, Tiefbau, Abt. Wasser- und Brückenbau

Dr. Schleich, Erwin, Architekt, Asam-Schlößl
Schmidt, Karl, Pressesprecher, Krauss-Maffei AG, München
Virchow, Rita, Gemeindebücherei, Krün
Voth, Hannsjörg, Bildhauer, München
Wackerl, Anton, Mittenwald
Waldhauser, Hans, Grünwald
Weineisen, Karl, Mittenwald
Weppelmann, Franz-Josef, Diakon, St. Maria Thalkirchen
Willibald, Hans, Lenggries
Wörnle, Lisi, Mittenwald
Zahler, Johann, Bürgermeister, Krün
Zon, Adam, Pfarrer von Mühltal
Zunterer, Thomas, Bäckermeister, Mittenwald

ferner:

Archiv der Gemeinde Lenggries
Baureferat der Stadt München, Hochbau
Bayerische Vereinsbank, Numismatik, München
Bayerischer Rundfunk, Bayernredaktion, München
Bayerisches Hauptstaatsarchiv München
Bayerisches Landesamt für Denkmalpflege
Bayerisches Nationalmuseum, München
Bayernwerk AG, Walchenseekraftwerk
Bibliothek des Bayerischen Franziskanerprovinzialats, München
Deutsche Bundesbahn, Pressedienst Nürnberg
Deutsches Museum, München
Diözesanamt Passau, Kunstreferat
Diözesanmuseum Freising
Gemeindebücherei Mittenwald
Geschäftsleitung der Gemeinde Lenggries sowie deren Mitarbeiter
Geschäftsleitung Rettet die Isar jetzt e.V., Bad Tölz
Grundschule Forstenried, München
Heimatmuseum Bad Tölz
Institut für Volkskunde, München
Katholisches Pfarramt Farchach
                Großdingharting
                Lenggries
                Mittenwald
                St. Anna, München
                St. Maria Immaculata, München
                St. Maria Thalkirchen, München
Monacensia-Sammlung München
Österreichische Donaukraft AG, Presse und Kommunikation, Wien
Regierung von Oberbayern, Kirchen- und Stiftungsaufsicht, München
Schloß-Brauerei Hohenburg, Lenggries
Stadtarchiv Bad Tölz
Stadtarchiv München
Stadtmuseum München
Statistisches Landesamt, München